Dlaczego Izrael boi się Palestyny?

W serii ukazały się:

Tahar Ben Jelloun
Co to jest islam?
Książka dla dzieci i dorosłych

Nilüfer Göle
Muzułmanie w Europie.
Dzisiejsze kontrowersje wokół islamu

Hélène Thiollet (red.)
Migranci, migracje.
O czym warto wiedzieć, by wyrobić sobie własne zdanie

Reni Eddo-Lodge
Dlaczego nie rozmawiam już z białymi o kolorze skóry

Dlaczego Izrael boi się Palestyny?

Raja Shehadeh

przełożyła Anna Sak

Aneks Ala Qandil

Karakter

Kraków 2024

Dla Andrew Franklina –
przyjaciela, wydawcy, długoletniego redaktora

Arabskie i hebrajskie nazwy własne podano w wersjach przyjętych w języku polskim lub według zasad latynizacji obu alfabetów. Część nazwisk oraz nazw funkcjonujących w obiegu międzynarodowym w zangielszczonej formie, takich jak nazwiska dziennikarzy lub tytuły prasowe, dla lepszej orientacji czytelnika w tekstach źródłowych pozostawiono w ich angielskiej transkrypcji. Imię i nazwisko autora, na jego życzenie, pozostało w pisowni znanej w świecie anglojęzycznym.

LIBAN

SYRIA

Jezioro Tyberiadzkie

Wzgórza Golan

Hajfa

Nazaret

Morze Śródziemne

Nablus

ZACHODNI BRZEG

Tel Awiw-Jafa

Ramallah

Jerycho

Amman

Jerozolima

Betlejem

Aszkelon

STREFA GAZY

Gaza

Hebron

Morze Martwe

Chan Junis

Rafah

Beer Szewa

Jordan

IZRAEL

EGIPT

JORDANIA

Strefy wyznaczone przez
porozumienia z Oslo

Strefa A

Strefa B

Strefa C

N

Zatoka Akaba

0 10   50 km

Część pierwsza
Jak do tego doszło?

Koniec lat osiemdziesiątych i początek dziewięćdziesiątych XX wieku były na świecie czasem nadziei. Zimna wojna miała się ku końcowi. Latem 1987 roku David Bowie zaśpiewał pod murem berlińskim, niejako torując drogę temu, co miało się tam wydarzyć dwa lata później, 9 listopada 1989 roku, gdy rzecznik enerdowskiej partii komunistycznej ogłosił zmianę w relacjach Berlina Wschodniego z Zachodem. Już po północy obywatele Niemieckiej Republiki Demokratycznej mogli swobodnie przekraczać granice państwa. Mur runął.

Także w Republice Południowej Afryki rozgrywały się pozytywne wydarzenia. Ich punktem kulminacyjnym stały się wybory przeprowadzone 27 kwietnia 1994 roku, w których głosować mogli wszyscy obywatele, niezależnie od koloru skóry. Gdy RPA uchyliła Ustawę o spisie ludności odmawiającą ludziom praw na podstawie segregacji rasowej – apartheid został faktycznie zdemontowany.

Pierwsze pytanie, które pragnę tutaj zadać, brzmi: dlaczego te budzące nadzieję wydarzenia, które doprowadziły do naprawy długoletniej i powszechnej niesprawiedliwości, nie skłoniły izraelskiego rządu do zakończenia okupacji terytoriów palestyńskich, rozstrzygnięcia kwestii spornych między Palestyńczykami i Izraelczykami oraz trwałego pokoju? W ślad za tym pytaniem idą dwa kolejne: dlaczego świat nie opowiedział się za działaniami, które mogłyby do tego doprowadzić, a także, gdy myślimy o aktualnej sytuacji, jaką rolę – jeśli w ogóle – wojna w Gazie, z jej przerażającym bilansem ofiar, może odegrać w zapoczątkowaniu zmiany o zasięgu globalnym?

Nie znajdziemy tu prostych odpowiedzi, ale chciałbym zaproponować pewne nowe sposoby myślenia o tych kwestiach.

W przeszłości, kiedy pytałem swoich izraelskich znajomych o lewicowych poglądach, dlaczego kres apartheidu w RPA nie stał się inspiracją dla Izraelczyków, padały dwie różne odpowiedzi. Pierwsza była taka, że biali w Południowej Afryce przegrali, natomiast Izraelczycy nie. Było to dla mnie niepokojące, bo moi rozmówcy najwyraźniej wierzyli, że kres białej supremacji oznaczał porażkę białej ludności. Jak widać, nie dostrzegali tego, że w istocie było to zwycięstwo obu stron. Druga, bardziej przekonująca odpowiedź sprowadzała się do tego, że Izraelczycy nie uważali swojej sytuacji za mającą cokolwiek wspólnego z apartheidem, stąd też nie sądzili, że wymaga ona podobnych rozwiązań.

Niektórzy z Was mogą się zastanawiać, po co stawiam te pytania, skoro odpowiedź jest oczywista. Świat uczynił wysiłek, aby doprowadzić do spotkania stron w 1991 roku, zwołując międzynarodową konferencję pokojową w Madrycie z udziałem państw arabskich i Izraela. Starania te zakończyły się w roku 1993 podpisaniem porozumień w Oslo przypieczętowanych słynnym uściskiem dłoni izraelskiego premiera Icchaka Rabina i przewodniczącego Organizacji Wyzwolenia Palestyny (OWP) Jasira Arafata na trawniku przed Białym Domem, który to gest powtarzano do znudzenia na ekranach telewizorów na całym świecie. Zanim jednak przejdę do tego, dlaczego moim zdaniem wydarzenia te przyniosły jedynie złudne nadzieje, chciałbym zatrzymać się przy drugiej odpowiedzi Izraelczyków, by wyjaśnić brak jakiejkolwiek pozytywnej inspiracji i niedostrzeganie związku między reżimem apartheidu w RPA a sytuacją w Izraelu/Palestynie.

Aby zrozumieć różnicę między tym, jak Izraelczycy postrzegają historię swojego państwa, i tym, jak widzą ją Palestyńczycy, musimy wrócić do najważniejszych wydarzeń z roku 1948, w którym ustanowiono państwo Izrael, i zatrzymać się nad Nakbą, czyli „Katastrofą", bo takiego określenia na opisanie tego, co się wtedy stało, używają Palestyńczycy.

Izrael mówi o wojnie 1948 roku jako o swojej wojnie o niepodległość. Jest to dość osobliwe, bo sugeruje, że wywalczył sobie niepodległość od Brytyjczyków. A przecież to Brytyjczycy, w deklaracji Balfoura z 1917 roku – sprzed ponad stu lat – obiecali te ziemie, zamieszkane w większości przez palestyńskich Arabów, Żydom. Deklaracja stwierdzała: „Rząd Jego Królewskiej Mości zapatruje się przychylnie na utworzenie w Palestynie żydowskiej siedziby narodowej (...)". I to Brytyjczycy w czasie, gdy Palestyna była ich terytorium mandatowym, od 1922 do 1948 roku, działali na rzecz utworzenia tam państwa żydowskiego w zgodzie z warunkami mandatu. Sugerowałbym, że Izrael twierdzi tak, a nie inaczej, bo bardzo zależy mu, aby zaliczano go do grona narodów zdekolonizowanych.

Nowe państwo przystąpiło od razu do wymyślania na nowo historii, tak aby nie było w niej miejsca na jakiekolwiek uznanie obecności wcześniejszych, nieżydowskich mieszkańców, nie tylko wypędzając większość z nich, lecz także zacierając wszelkie ślady ich wcześniejszej obecności i historii na tych ziemiach. W tym celu Izrael posłużył się Biblią, którą potraktował jako dokument historyczny potwierdzający tezę, że ziemie te należały do Żydów od niepamiętnych czasów, gdyż zostały im przyobiecane przez Wszechmogącego.

Innymi słowy, w 1948 roku doszło do próby przepisania całych dziejów Palestyny: był to rok zerowy, od którego miały się rozpocząć nowa historia i zwoływanie Żydów do ich historycznej ojczyzny, Izraela. Miasta i wsie, z których wypędzono Palestyńczyków, błyskawicznie zrównano z ziemią i wszczęto ogólnoświatową kampanię zbierania funduszy na sadzenie drzew – nowo sadzone lasy miały służyć ukryciu śladów po istniejących tam wcześniej palestyńskich osadach. Niekiedy na ich ruinach wznoszono izraelskie miejscowości oraz kibuce i nadawano im hebrajskie nazwy. Rząd Izraela powołał specjalną instytucję, Państwową Komisję Nazewnictwa, której zadaniem było zastępowanie nazw arabskich funkcjonujących do 1948 roku hebrajskimi, choć w całym tym przedsięwzięciu nie udało jej się pozbyć ech określeń arabskich. Na przykład słynny krater Ramon na pustyni Negew wbrew temu, co piszą w izraelskich przewodnikach turystycznych, swoje miano zyskał nie od hebrajskiego przymiotnika *ram* („wzniosły"), lecz od arabskiego Wadi Rumman („Dolina Granatowców"), Nahal Roded zaś nazywała się wcześniej Wadi Raddadi[1]. Tworzyła się nowa geografia, przeobrażając miejsce, w którym kiedyś żyli Palestyńczycy.

Izraelscy Żydzi mieli masę problemów na głowie, a budowa nowego, izraelskiego narodu żydowskiego w kraju, który w dużej części należał przedtem do innego ludu, palestyńskich Arabów, kosztowała sporo energii. Jednakże to, co dla Żydów było dziejową misją, Palestyńczycy odbierali zgoła inaczej.

Dla wywłaszczonych nastał czas pełen konfuzji. Ponad 700 tysięcy Palestyńczyków wygnanych w trakcie wojny 1948 roku i bezpośrednio po niej musiało walczyć o przetrwanie po utracie ziemi, mienia i całego dotychczasowego życia. Dla palestyńskiej mniejszości, której udało się pozostać w swoich wioskach i miastach włączonych do Izraela, był to równie konsternujący czas, szczególnie gdy trzeba było obchodzić Dzień Niepodległości w kraju, który zagarnął ich własny.

Najtrafniej oddał to, posługując się satyrą i autoironicznym humorem, dramaturg i aktor Salim Daw w sztuce *Sagh salim* („Wszystko w porządku"). Opisuje w niej, jak palestyńskim uczniom w izraelskich szkołach próbowano wpoić ten sam mit, którym karmiono całe pokolenia izraelskiej młodzieży – mianowicie, że izraelscy Żydzi stoczyli walkę o niepodległość z Brytyjczykami. Takie podejście nie dość, że neguje obecność palestyńskich Arabów, którym trzeba było wyszarpać ziemię, to jeszcze przekłamuje historię, bo przemilcza brytyjski wkład w powstanie Izraela, a więc przede wszystkim deklarację Balfoura z 1917 roku oraz warunki mandatu sprawowanego przez Brytyjczyków w Palestynie. Ponadto umieszcza Izrael, nader kuriozalnie, w rodzinie narodów, które przezwyciężyły imperializm i uwolniły się spod władzy kolonizatorów. Salim Daw i inni mieszkańcy jego wsi wiedzieli, że z chwilą gdy stali się obywatelami nowego państwa, musieli włączać się w obchody jego święta niepodległości, inaczej wzbudzaliby podejrzenia.

Co miał myśleć młody Salim o tym, że mieszkańcom jego wsi nie pozwalano wrócić do własnych domów, a kiedy jednak próbowali, to nazywano ich „infiltratorami", jakby powrót do miejsca, w którym przeżyli całe swoje życie, był aktem sabotażu? Jak dziwnie musieli się czuć ci, którzy właśnie stracili wszystko, a teraz mieli schować dumę do kieszeni i świętować niepodległość kraju, który spowodował Nakbę. W spektaklu wystawianym na scenie Pałacu Kultury w Ramallah latem 2013 roku Salim zaproponował inną perspektywę. W konwencji satyry zakomunikował nam, swoim widzom w Ramallah, że on i mieszkańcy jego wsi czuli się wolni jeden, jedyny raz w roku, w izraelskie święto niepodległości, kiedy mieli wolny dzień. Kobiety szykowały prowiant, a potem wszyscy pakowali się do ciężarówek – tego dnia nie wystawiano mandatów za nieprawidłowe parkowanie – i wyruszali na piknik, wiwatując i śpiewając na cały głos, gdy zbliżali się do policyjnego samochodu. Wcześnie rano dojeżdżali nad Jezioro Tyberiadzkie na północy Izraela, rozkładali dywaniki nad samą wodą i rozpalali grille. Były śpiewy i tańce. Jak to opisał: „Co roku mieliśmy kilku topielców. A bo co? My, Arabowie, topimy się w ich niepodległości. Wieczorem było nam smutno i przykro, że musimy wracać. Tu kończy się nasza wolność… aby wolność innych, zwana demokracją, mogła się rozpocząć". Ostatnią frazę Salim wypowiedział dobitnie, jak hasło na manifestacji.

Gdy on i około 160 tysięcy Palestyńczyków, którzy zdołali pozostać tam, gdzie teraz był Izrael, musieli zmagać się z dziwnym nowym losem, pokolenie Palestyńczyków urodzonych po drugiej stronie linii zawieszenia ognia z 20 lipca 1949 roku, zwanej też zieloną linią, na Zachodnim Brzegu, żyło pod władzą jordańską w prawie całkowitej nieświadomości tego, co działo się w sąsiednim Izraelu.

Według górnolotnej metafory przed „powrotem" Żydów z wygnania nikt tam nie mieszkał. Palestyńczycy, którym zdarzyło się tam być, przybyli rzekomo dopiero po rozpoczęciu pierwszej fali syjonistycznej kolonizacji, skuszeni możliwościami ekonomicznymi. Poza tym ziemia leżała odłogiem: pustynia czekała dwa tysiące lat na powrót swoich pierwotnych i prawowitych właścicieli, Żydów, i ponowne zasiedlenie przez nich. To nie przypadek, że w dokładnie taki sam sposób uzasadniają swoje działania kolonizatorzy na przestrzeni dziejów jak świat długi i szeroki.

Jakkolwiek niedorzecznie brzmi dziś to wytłumaczenie, było wtedy w szerokim obiegu i nadal bywa rozpowszechniane, a co jeszcze dziwniejsze, akceptowane przez większość ludzi na świecie. Wciąż jeszcze nie ma hebrajskiego słowa na największą katastrofę, jaką ustanowienie państwa Izrael ściągnęło na Palestyńczyków, którą my nazywamy Nakbą. Niedawno upamiętnianie Nakby w Izraelu stało się nielegalne w świetle prawa. Upierając się przy swojej wersji rzeczywistości na spotkaniu z prezydentem Macronem w Paryżu 10 grudnia 2017 roku, izraelski premier Benjamin Netanjahu powiedział, że zanim Palestyńczycy będą mogli usiąść przy negocjacyjnym stole, muszą uznać dziejową prawdę, iż Jerozolima jest stolicą Izraela od trzech tysięcy lat. Jako dowód wskazał Pismo Święte.

To, że Palestyńczycy muszą zaakceptować tę farsę jako warunek wstępny rozmów pokojowych, potwierdza tylko, że ci, którzy dzierżą władzę, mogą definiować rzeczywistość w dowolnie absurdalny

sposób. Izrael od prawie pięćdziesięciu siedmiu lat
może odmawiać zastosowania międzynarodowego
laickiego prawa humanitarnego, IV konwencji genewskiej z 1949 roku, wobec Palestyńskich Terytoriów Okupowanych obejmujących Wschodnią Jerozolimę – uznanych za okupowane przez społeczność
międzynarodową – i szukając potwierdzenia swoich
tez, powoływać się na Biblię.

Piątego listopada 2018 roku Netanjahu stwierdził: „Władza to w polityce zagranicznej rzecz najważniejsza. «Okupacja» to brednia. Są silne państwa, które okupowały i przesiedlały ludność, a nikt
o nich nie mówi"[2].

Utrata Palestyny w 1948 roku była szokiem i dopro-
wadziła Palestyńczyków do trwającej dziesięciolecia
rozpaczy. Nawet im się nie śniło, że niewielkiej żydowskiej społeczności w Palestynie uda się wypędzić
większość Palestyńczyków z ich domów i zastąpić ich
Żydami. Po trosze zawiodła ich wyobraźnia, istnia-
ła bowiem przepaść wynikła z różnicy doświadczeń
między gorliwymi żydowskimi bojownikami, z których wielu widziało na własne oczy Holocaust, a nicze-
go niepodejrzewającymi Palestyńczykami. Coś kosz-
marnie podobnego przydarzyło się nam znowu po
1967 roku, kiedy po wygranej wojnie sześciodniowej
Izrael podbił Zachodni Brzeg, Wzgórza Golan, Gazę
i Synaj i rozpoczął okupację tych ziem. Nie mieściło
nam się też w głowach to, że Izraelowi może ujść bezkarnie osiedlenie ponad 750 tysięcy izraelskich Żydów

pośród nas, na Zachodnim Brzegu i we Wschodniej Jerozolimie. U nas jeden dom budowało się cały rok. Myśl, że Izraelczycy wnet zawładną całym wzgórzem, pobudują domy, a z nich żydowskie osiedle i doprowadzą tam wodę i prąd, przechodziła ludzkie pojęcie. Jak mieliśmy wyobrazić sobie, że w tych odległych rejonach powstaną nowe osady, które zmiotą gaje oliwne, odmieniając charakter znanych nam okolic, wyleją beton i pokryją nasze tarasowe wzgórza szeregami identycznych bloków i biegnącymi prosto wielopasmowymi autostradami?

Znany izraelski powieściopisarz powtórzył śpiewkę wielu izraelskich propagandystów, że ustanowienie Izraela było ni mniej, ni więcej, tylko cudem. Dane ujawnione z odtajnionych niedawno archiwów potwierdzają, że nie był to żaden cud. Porównując potencjał wojskowy i taktyczny, można było przewidzieć, że syjoniści wygrają wojnę 1948 roku przeciwko tak zwanym siedmiu arabskim armiom, które usiłowały nie dopuścić do utworzenia państwa. Cudem było natomiast to, że Izraelowi udało się wyrugować z tych ziem ich mieszkańców, choć jednocześnie nie przestawał się tego wypierać, i że stało się to bez żadnego potępienia ze strony społeczności międzynarodowej ani presji, aby wprowadzić w życie przysługujące Palestyńczykom prawo powrotu. Pomimo wielu prób naświetlania tej sytuacji nam, Palestyńczykom, nie udało się jak do tej pory znacząco zmienić sposobu, w jaki te wydarzenia są postrzegane przez Izraelczyków, ba, przez cały świat.

W jakich okolicznościach arabskie słowo *nakba* stało się nazwą wydarzeń 1948 roku? Walki między siłami izraelskimi i arabskimi zakończone wypędzeniem większości palestyńskich mieszkańców ziem, na których powstał Izrael, przyniosły porażkę stronie arabskiej, a izraelskiej oszałamiające zwycięstwo. W języku arabskim słowo „porażka" brzmi *hazima*. Ale nie wybrano go na opisanie ówczesnych wydarzeń. Dlaczego?

Porażka oznacza zazwyczaj, że społeczeństwo, czy naród, doznaje niepowodzenia, a jego wartości zostają podane w wątpliwość. Może minąć wiele lat, zanim się pozbiera, odbuduje to, co straciło, i być może się odrodzi. Właśnie coś takiego przydarzyło się w 1945 roku, po drugiej wojnie światowej, Niemcom i Japonii. Część lub całość terytoriów obu tych państw znalazła się pod okupacją zwycięzców. Obydwa niebawem wyrosły na potężne narody. Przypadek Palestyny jest jednak inny.

W Palestynie nastąpił całkowity rozpad narodu. Ludzie zostali wypędzeni ze swojej ojczyzny i rozproszeni – część znalazła się w Strefie Gazy pod władzą Egiptu, część na Zachodnim Brzegu Jordanu i w Jerozolimie Wschodniej pod władzą Jordanii, reszta w obozach uchodźców w państwach ościennych. Jednak wbrew konwencji Organizacji Narodów Zjednoczonych nie zostali oni uznani za uchodźców. Izrael odmawiał traktowania Palestyńczyków, których wygnano z ich domów w 1948 roku, jako uchodźców. To by sugerowało, że Palestyna była ich krajem, do którego powinni móc wrócić. Jedno i drugie było nie po myśli izraelskich władz, które dokładały starań, aby im ów powrót uniemożliwić. Ponadto uchodźcy palestyńscy nie zostali objęci opieką Biura Wysokiego Komisarza Narodów Zjednoczonych do spraw Uchodźców (UNHCR), gdy je utworzono w 1951 roku. Zamiast trafić pod parasol UNHCR i podlegać ustanowionym w tamtym roku prawnym uregulowaniom dotyczącym uchodźców z całego świata, otrzymali odrębny status, a w ONZ powstała instytucja, która miała się zajmować właśnie nimi. Była to United Nations Relief and Works Agency (UNRWA, Agencja Pomocy Narodów Zjednoczonych), w której nazwie rzuca się w oczy brak słowa *refugees*, „uchodźcy" (choć jej pełna nazwa zawiera dookreślenie *for Palestinian Refugees in the Near East*, „na rzecz palestyńskich uchodźców na Bliskim Wschodzie"). Uchodźcy palestyńscy są wyłączeni spod Konwencji dotyczącej statusu uchodźców z 1951 roku oraz spod protokołu z 1967 roku, jeżeli otrzymują pomoc od UNRWA. Mimo to prawicowy izraelski rząd od lat dwoi się i troi, żeby zniszczyć tę organizację. Ostatnia próba miała miejsce w trakcie obecnej wojny w Gazie, kiedy to Izrael oskarżył dziesięć osób z personelu UNRWA o udział w zabójstwach dokonanych 7 października 2023 roku. Skłoniło to głównych darczyńców do wstrzymania wpłat na rzecz UNRWA, która świadczy pomoc prawie sześciu milionom palestyńskich uchodźców w trzech krajach oraz na terenach okupowanych, w tym we Wschodniej Jerozolimie.

Utworzenie Izraela oznaczało, że Palestyna przestała istnieć. Izrael do dziś odmawia uznania istnienia Palestyńczyków jako narodu z prawem do samostanowienia. Sytuacja zaogniła się jeszcze bardziej po wybuchu ostatniej wojny w Gazie, gdy w trakcie walki z Hamasem armia izraelska nie cofnęła się przed zabijaniem dziesiątków tysięcy ludzi, niszczeniem domów i burzeniem palestyńskich uniwersytetów, muzeów oraz miejsc o znaczeniu historycznym, jakby chodziło jej o wymazanie śladów palestyńskiego istnienia.

Żeby opisać to, co przydarzyło się narodowi palestyńskiemu w 1948 roku, trzeba było słowa mocniejszego niż „porażka", o innym wydźwięku. Po wielu naradach padło na określenie *nakba*, bo to, co się stało, było, nie przymierzając, totalną katastrofą. Aczkolwiek katastrofa odbiera ofierze sprawstwo: jak gdyby Palestyńczyków spotkało fizyczne zniszczenie, kataklizm, w obliczu którego byli bezsilni. Aż do powstania Organizacji Wyzwolenia Palestyny w latach sześćdziesiątych XX wieku palestyńscy uchodźcy nie mieli głosu i byli na ogół bierni. OWP dała im siłę sprawczą, dzięki której podjęli walkę zbrojną z Izraelem.

Izraelska wersja wydarzeń z 1948 roku jest narracją dominującą, co więcej, narracją wspieraną przez tę najpoczytniejszą z książek, jaką jest Biblia, nie wspominając o współczuciu wywołanym przez jedną z najstraszniejszych zbrodni nowoczesnej historii, Holocaust. Palestyńczycy musieli opowiadać światu swoją wersję tego, co ich spotkało w 1948 roku w takim właśnie kontekście, i do dziś nie udaje nam się z nią przebić.

W eseju pod tytułem *Permission to Narrate* („Zgoda na opowieść") palestyński uczony Edward Said zauważył, że choć zasadność, słuszność i autorytet prawa międzynarodowego, rezolucje i konsens były – i są po dziś dzień – po stronie Palestyńczyków, amerykańscy decydenci i środki masowego przekazu po prostu nie chcą „dostrzec związku, wyciągnąć wniosków [ani] stwierdzić prostych faktów". Ta odmowa pozostaje podstawą działania amerykańskich mediów i polityki i zawiera w sobie zaprzeczenie zasadniczej prawdy o tym, że narracja Palestyńczyków „wyrasta bezpośrednio z opowieści o ich istnieniu w Palestynie i wysiedleniu z niej"[3].

Nakba była głównym i najbardziej formacyjnym doświadczeniem w moim życiu. Urodziłem się już po niej w Ramallah na Zachodnim Brzegu, dokąd moja rodzina trafiła po wygnaniu ze swego nadmorskiego domu w gwarnym mieście Jafa. Gdy dorastałem, mówiło się tylko o utraconej ziemi, wstrząsie i grozie tego, co nam się przydarzyło, a dowody cierpienia mieliśmy wszędzie wokół.

Pamiętam, jak moja babcia, którą wypędzono z Jafy w kwietniu 1948 roku, spoglądała z Ramallah na światła na horyzoncie za wzgórzami w przeświadczeniu, że patrzy właśnie na światła Jafy. Jej wzrok był zawsze utkwiony w horyzoncie, a podążając za jej spojrzeniem, ja też nauczyłem się nie patrzeć na to, co tutaj, i nie tracić z oczu odległych świateł. Ramallah i jego wzgórza nie istniały dla mnie same w sobie, były punktem obserwacyjnym, skąd kierowało się wzrok na to, co w oddali, mianowicie na Jafę, której nigdy nie znałem. Wieczorami, kiedy szliśmy do domu, babcia przystawała ze mną na szczycie wzgórza przed zejściem ulicą prowadzącą do naszego domu. „Spójrz – mówiła wtedy. – Spójrz na te światła na horyzoncie". Stała w nabożnym milczeniu, a ja stawałem obok, ściskałem jej miękką, ciepłą dłoń i z zapartym tchem ze wszystkich sił starałem się skupić uwagę na widnokręgu, wyobrażając sobie, co to za miejsce rozjaśniają te światła. Długo byłem zakładnikiem wspomnień, percepcji i postaw innych ludzi, nie umiałem się ich wyzbyć. Moje odczuwanie tamtego miejsca było zapośredniczone. Ale też nigdy nie sądziłem, że i ja mam do niego prawo. Starsi wiedzieli lepiej. Czułem, że powinienem zdawać się na nich w tych sprawach.

Potem, w czerwcu 1967 roku, Izrael wygrał kolejną wojnę z państwami arabskimi i przystąpił do okupacji, między innymi, Wschodniej Jerozolimy, Zachodniego Brzegu Jordanu oraz Strefy Gazy, tym samym dopełniając podboju całego terenu Palestyny. Także Ramallah.

Po nastaniu izraelskiej okupacji Zachodniego Brzegu, gdzie mieszkam całe swoje życie, mogłem odwiedzić Jafę. Wtedy zacząłem przenosić wzrok z horyzontu bliżej domu, na wzgórza, wśród których mieszkałem. Także wtedy uświadomiłem sobie, że światła, które oglądaliśmy z babcią na horyzoncie z Ramallah, to były światła Tel Awiwu, a nie Jafy.

Po wojnie kolejne izraelskie rządy nie chciały nawet wziąć pod uwagę porozumienia z Palestyńczykami, a kolonizacja Palestyny postępowała. Miałem szesnaście lat, kiedy zaczęła się druga faza. Okupacja niebawem zamieniła się w kolejną Nakbę, tym razem stopniową, acz charakteryzującą się podobnymi cechami: negowaniem naszego istnienia na tych ziemiach, nazywaniem ich i konfigurowaniem na nowo, kreowaniem nowej geografii, odmową przestrzegania prawa międzynarodowego.

O ile pierwszego etapu kolonizacji Palestyny nie widziałem, a tylko o nim słyszałem, o tyle teraz oglądałem na własne oczy etap drugi.

W roku 1967 nastąpił podobny proces zasiedlania ziem i przyznawania ich wyłącznie wyznawcom wiary żydowskiej połączony z odmową uznania Izraela nie za suwerena, lecz za okupanta tych terenów, wobec którego ma zastosowanie IV konwencja genewska z 1949 roku. Tym sposobem, raptem kilka miesięcy po rozpoczęciu okupacji, wbrew stosownemu prawu międzynarodowemu, Izrael przystąpił do zakładania własnych osiedli, zachęcając swoich obywateli do przeprowadzki ofertami świadczeń materialnych i ulg podatkowych. Ten proces nie słabnie do dziś. Mało tego, przybiera na sile. Za aktualnego prawicowego rządu Izraela przyspieszył, a nowe osiedla i autostrady coraz bardziej niszczą wzgórza Zachodniego Brzegu.

Od początku lat osiemdziesiątych ubiegłego wieku, kiedy zacząłem śledzić poczynania Izraela na Palestyńskich Terytoriach Okupowanych, a więc zakładanie osiedli izraelskich i sprowadzanie do nich swoich obywateli, uważałem, że nie skończy się to inaczej niż tylko apartheidem. Nie byłem odosobniony. W roku 1976 Icchak Rabin, minister obrony Izraela w czasie pierwszej intifady – serii niesłabnących protestów i obywatelskiego nieposłuszeństwa, które trwały od 1987 do 1993 roku – oraz premier w trakcie negocjacji i zatwierdzenia porozumień w Oslo, udzielił wywiadu, w którym porównał istniejące wówczas sześćdziesiąt osiedli do „raka w społecznej i demokratycznej tkance państwa Izrael"[4]. Był wtedy krytyczny wobec Gusz Emunim (Bloku Wiernych), organizacji, która zapoczątkowała ruch osadniczy w Izraelu, opisując go jako „ugrupowanie, które bierze prawo w swoje ręce". Wówczas nie uważałem Gusz Emunim za realne zagrożenie. Jak mieliby nas wyrugować? – pytałem. Czyż nie jesteśmy *samidun*, „tymi, którzy trwają"? Kiedy wybuchła wojna sześciodniowa, inaczej niż w 1948 roku, nie opuściliśmy swoich domów[5]. A zważywszy na cel, do którego dążył Izrael, nakłaniając Palestyńczyków do wyjazdu, trwanie samo w sobie, za wszelką cenę, stało się skuteczną formą oporu. Trwanie – *sumud* – było w moim przekonaniu naszym zbiorowym sposobem sprzeciwiania się okupacji. Nigdzie nie pójdziemy, nieważne, co zrobi izraelskie wojsko, by nas do tego zmusić. Otuchy dodawał mi Rabin, który w tym samym wywiadzie stwierdził: „Nie mogę z całym przekonaniem wykluczyć [możliwości] ewakuacji z powodu [palestyńskiej] ludności. Moim zdaniem nie da się pomieścić, na dłuższą metę, jeśli nie chcemy doprowadzić do apartheidu, [wciąż] półtora miliona Arabów w państwie żydowskim".

Nie sądziłem, że powinienem przejmować się bandą szaleńców, jaką był Gusz Emunim. Dla mnie ci fanatycy nie mieli przyszłości. Ale kiedy osiedli zaczęło przybywać, dotarło do mnie, że owszem, to oszołomy, ale wcale nie żartują, a rząd Likudu z Menachemem Beginem na czele, który doszedł do władzy w 1977 roku, ich wspiera. Begin nie był orędownikiem pokoju ani pojednania z Palestyńczykami, których istnienia nie chciał uznać. W artykule opublikowanym w 1970 roku w izraelskim dzienniku „Ma'ariw" nie pozostawił wątpliwości co do swojego oglądu sprawy:

Nawet jeżeli Żyd czy też syjonista, minister czy rzecznik, palestynizuje konflikt żydowsko-arabski, w dalszym ciągu nie ma prawa określać, gdzie kończy się Izrael, a zaczyna Palestyna albo *vice versa*. Taki zgodził się z głównym argumentem naszych wrogów. Zdradził racje swojego ludu. Jeżeli to ma być ziemia Izraela, to do niej powróciliśmy. Jeśli to Palestyna, to ją napadliśmy. Jeśli ma to być Erec Israel, to powołaliśmy prawowitą władzę na jej obszarze; jeśli zaś miałaby to być Palestyna, nasze rządy w żadnej części jej obszaru nie są prawowite[6].

Ariel Szaron, który w 1981 roku został mianowany przez Begina ministrem obrony, a później objął stanowisko premiera Izraela, myślał inaczej niż Rabin i miał bardzo odmienny stosunek do osadnictwa. Nie przejmował się obecnością Palestyńczyków na terenach okupowanych i planował postąpić z nami tak samo, jak reżim apartheidu postępował z czarną ludnością Republiki Południowej Afryki. Tamtego roku Szaron potajemnie odwiedził RPA. W trakcie briefingu oznajmił swojemu doradcy, że najbardziej interesują go bantustany, ich struktura i administracja. Ewidentnie szykował podobny los dla Palestyńczyków – tych z nas, którzy mieszkali na Zachodnim Brzegu i w Gazie. Zaprosił przywódcę jednego z bantustanów do Izraela, gdzie przyjęto go z wielką pompą i ceremoniałem. Ów przywódca odwiedził też jedno z żydowskich osiedli na Zachodnim Brzegu i w przemówieniu nazwał tamten dzień „historycznym". Wtedy zacząłem podejrzewać, że Izrael zamierza uczyć się od reżimu apartheidu z jego enklawami wydzielonymi dla czarnej ludności. Niebawem moje przeczucia się potwierdziły.

Me'ir Kahane, urodzony w Ameryce ortodoksyjny rabin, który w roku 1968 założył paramilitarną Jewish Defense League (Żydowską Ligę Obrony), w 1971 roku sprowadził się z rodziną do Izraela po tym, jak został oskarżony o współudział w produkcji bomb. W Izraelu powołał do życia antyarabską partię Kach (po hebrajsku: „Właśnie tak"). Postulowała ona aneksję terenów okupowanych oraz wypędzenie z nich wszystkich Palestyńczyków. Partia została wykluczona z wyborów w 1992 roku ze względu na rasistowską retorykę. Później uznano ją za ugrupowanie terrorystyczne i zdelegalizowano. Mimo to jej ideologia nadal ma zwolenników w Izraelu. Obecny minister bezpieczeństwa wewnętrznego Itamar Ben-Gewir, który rozpoczął karierę polityczną jako siedemnastolatek w partii Kach, jest zdeklarowanym zwolennikiem tego ruchu i wciela jego idee w czyn, wykorzystując swoją tekę ministerialną w prawicowym rządzie Netanjahu.

Już od dwudziestu pięciu lat badam rozwój izraelskiego języka prawnego stosowanego wobec Zachodniego Brzegu. Monitoruję rozszerzanie się państwa Izrael na tereny okupowane poprzez nabywanie gruntów oraz ich rejestrację w Izraelskim Zarządzie Ziemskim. Przyglądałem się obejmowaniu rozległych obszarów jurysdykcją izraelskich samorządów lokalnych i włączaniu ich do Izraela. W 2003 roku widziałem rozpoczęcie budowy izraelskiego muru separacyjnego, który posłużył do dzielenia palestyńskich społeczności i ograniczania swobody przemieszczania się. Śledziłem zmianę planów urbanistycznych na korzyść izraelskich Żydów oraz faktyczną aneksję kolejnych obszarów, wskutek czego nasze miasta i wsie stawały się wysepkami pośród rozlewających się włości Izraela – tak spełniała się obietnica Ariela Szarona z wczesnych lat osiemdziesiątych XX wieku, że Izrael „diametralnie odmieni mapę kraju". Wszystko to odbywało się poprzez rzekomo legalne działania na podstawie przepisów obowiązujących na Zachodnim Brzegu, ponieważ z prawnego punktu widzenia nie został on anektowany przez Izrael.

Gdy reżim apartheidu RPA runął, Izrael nie podchwycił optymistycznego przesłania, zgodnie z którym palestyńscy Arabowie i izraelscy Żydzi mogliby żyć razem, tak jak czarni i biali zaczęli razem żyć w demokratycznym państwie.

Wróćmy jednak do iskierki nadziei, która rozbłysła w 1991 roku, na pokojowy przełom i rozstrzygnięcie konfliktu między Izraelem a Palestyną. W Madrycie zwołano międzynarodową konferencję pokojową, której gospodarzem była Hiszpania, pod egidą Stanów Zjednoczonych i Związku Radzieckiego, w celu ożywienia izraelsko-palestyńskiego procesu pokojowego poprzez negocjacje z udziałem Izraela i Palestyńczyków oraz państw arabskich, w tym Jordanii, Libanu i Syrii.

Pomimo zawężonego kręgu omawianych na konferencji spraw słowa wypowiedziane przez szefa palestyńskiej delegacji doktora Hajdara Abd asz-Szafi'ego, który stał także na czele palestyńskiego Czerwonego Półksiężyca, tchnęły we mnie nadzieję. Zawarł w nich taki oto pozytywny przekaz pod adresem Izraela:

My, naród Palestyny, stajemy przed wami w ogromie naszego bólu, naszej dumy i naszego oczekiwania, gdyż od dawna żywimy tęsknotę za pokojem i marzymy o sprawiedliwości i wolności. Zbyt długo naród palestyński był lekceważony, uciszany i negowany. Naszą tożsamość neguje się w imię doraźnych politycznych celów, spotwarza się nasze prawo do walki z niesprawiedliwością, a nasze istnienie tu i teraz tłamsi, wykorzystując przeszłą tragedię innego narodu. Przez większą część obecnego stulecia byliśmy ofiarami mitu o „ziemi bez ludu" i bezkarnie określano nas mianem „niewidzialnych Palestyńczyków". W obliczu tak rozmyślnej ślepoty nie zgodziliśmy się zniknąć ani zaakceptować okaleczonej tożsamości. Intifada jest świadectwem naszej wytrwałości oraz hartu ducha w sprawiedliwej walce o odzyskanie naszych praw. Pora, byśmy stali się narratorami naszej własnej historii, złożyli świadectwo jako obrońcy prawdy pogrzebanej od dawna w świadomości i sumieniu świata. Nie stajemy przed wami jako petenci, lecz jako niosący pochodnie, ci, którzy wiedzą, że w naszym dzisiejszym świecie niewiedza nie może być usprawiedliwieniem. Nie domagamy się przyznania do winy po fakcie ani nie szukamy zemsty za przeszłe krzywdy, chcemy aktu woli, który urzeczywistni sprawiedliwy pokój.

Następnie zwrócił się do Izraela z takim oto apelem:

> Spróbujmy podzielić się nadzieją. Jesteśmy gotowi żyć ramię przy ramieniu na tej ziemi i dzielić obietnicę przyszłości. Dzielenie się jednak wymaga obustronnej zgody na równe warunki. Wzajemność i obopólność muszą zastąpić dominację i wrogość, aby doszło do autentycznego pojednania i współistnienia z poszanowaniem prawa międzynarodowego. Wasze bezpieczeństwo i nasze są wzajemnie od siebie zależne, splecione tak samo jak lęki i koszmary naszych dzieci. Poznaliśmy niektórych z was zarówno z najlepszej, jak i z najgorszej strony. Okupant nie ukryje bowiem przed okupowanym żadnych sekretów[7].

Te słowa sprawiły, że ciarki przeszły mi po plecach. Czyż nie to właśnie mieli nadzieję usłyszeć Izraelczycy? A jednak w swoich uwagach na koniec konferencji ówczesny premier Izraela Icchak Szamir, zamiast przyjąć to zaproszenie do pojednania, oskarżył Hajdara Abd asz-Szafi'ego o „przekręcanie historii i przeinaczanie faktów".

Ugoda, do której doszło po trzech latach pokonferencyjnych negocjacji między Palestyńczykami i Izraelczykami, przyniosła gorzkie rozczarowanie. Wraz z porozumieniami z Oslo Izraelowi udało się posunąć jeszcze dalej wdrażanie południowoafrykańskiego modelu apartheidu, nie kończąc okupacji, a tylko robiąc jej swoisty rebranding – przekazał sprawy cywilne nowo utworzonej Autonomii Palestyńskiej, a jednocześnie utrzymał większość tych ziem pod swoim faktycznym zwierzchnictwem. Izrael zyskał też możliwość kontynuacji, a nawet przyspieszenia przedsięwzięcia osadniczego na Zachodnim Brzegu, w Strefie Gazy i we Wschodniej Jerozolimie poprzez kontrolę granic i tworzenie palestyńskich bantustanów. Ponadto nauczył się nie instalować tam przywódców, lecz pozwalać na organizację wyborów.

Hamas, islamski ruch oporu, który wyłonił się z Bractwa Muzułmańskiego podczas pierwszej intifady (1987–1993), był przeciwny porozumieniom z Oslo. Nie porzucił zbrojnego oporu, a po masakrze dwudziestu dziewięciu Palestyńczyków dokonanej przez Barucha Goldsteina w 1994 roku w meczecie Abrahama w Hebronie przeprowadził serię samobójczych zamachów bombowych.

Hamas zbojkotował pierwsze wybory do Palestyńskiej Rady Narodowej w 1996 roku, ale dziesięć lat później włączył się ponownie w proces stanowienia prawa, wystartował w ostatnich jak dotąd wyborach w 2006 roku i zdobył większość mandatów w głosowaniu, którego wynik był według mnie w dużej mierze wyrazem protestu przeciwko rządzącemu dotychczas Fatahowi. Na początku 2017 roku Hamas wydał nowy dokument polityczny, w którym akceptował utworzenie państwa palestyńskiego w granicach z 1967 roku wraz z Rezolucją Zgromadzenia Ogólnego ONZ numer 194 dotyczącą powrotu uchodźców. Jak pisał Tareq Baconi: „Inicjatywa ta przeszła w zasadzie bez echa. Rzecznik Netanjahu obwieścił w odpowiedzi, że «Hamas usiłuje otumanić świat, ale mu się to nie uda»"[8]. Tymczasem Autonomia Palestyńska, która pozostaje zdominowana przez Fatah, zrezygnowała z walki zbrojnej i optuje za rozwiązaniem dwupaństwowym.

Rozłam między Strefą Gazy, rządzoną przez Hamas, a Zachodnim Brzegiem, od 2007 roku pod zarządem Autonomii Palestyńskiej, sprzyja utrwalaniu się paraliżu dyplomatycznego, zapobiegając utworzeniu rządu, z którym można by negocjować. Trwające podziały, jak się wydaje, dostarczają Izraelowi wygodnej wymówki, żeby nie negocjować z Palestyńczykami w sprawie zakończenia konfliktu.

Od momentu przyjęcia porozumień w Oslo przez izraelski rząd tamtejsza prawica zaciekle je oprotestowywała – podobnie jak Hamas. Obydwa stronnictwa próbowały doprowadzić do ich zerwania. Najbardziej wnikliwy komentarz, jaki usłyszałem po ich podpisaniu, był taki, że uznanie OWP przez Izrael i podpisanie porozumień w Oslo nastąpiło co najmniej o dekadę za późno.

Itamar Ben-Gewir, wówczas czołowy działacz skrajnej prawicy, przyznał później: „Wiedzieliśmy, że Rabin jest niebezpieczny; było jasne, że wykonał zwrot w lewo". Jehudit Katzover, współprzewodnicząca Kobiet w Zieleni, organizacji osadniczej, stwierdziła, że było to dla niej wielkim zaskoczeniem, bo, jak powiedziała: „Dotąd nie spędzało nam to snu z powiek. Ideologia Partii Pracy była dotychczas w dużej mierze zbieżna z Gusz Emunim (...). A to było totalne ideologiczne złamanie wszystkich zasad. Zupełnie niepodobne do Rabina"⁹. Czwartego listopada 1995 roku Rabin został zamordowany przez Jigala Amira, prawicowego ekstremistę, przeciwnika porozumień z Oslo.

Dla Hamasu porozumienia pokojowe zasadzały się na tym, że Palestyńczycy, jako strona słabsza, zostali do nich przymuszeni przez stronę silniejszą, Izrael. Działacze tego ruchu krytykowali OWP i jej przywództwo, oskarżając je o zaprzedanie sprawy palestyńskiej za miliony dolarów.

Układ z Oslo przyniósł jeszcze inny dotkliwy skutek: zastopował pracę licznych aktywistów na całym świecie zaangażowanych w dążenie do sprawiedliwości w Izraelu/Palestynie. Wśród nich byli amerykańscy syjoniści, którzy chcieli położyć kres izraelskiej okupacji terytoriów palestyńskich. Jeden z nich, dziennikarz i aktywista Peter Beinart, opisał to, co się stało, następująco:

> Moje pokolenie, które dorastało w latach dziewięćdziesiątych XX wieku, nie zbudowało ani jednej organizacji, która postawiłaby się establishmentowi amerykańskich Żydów w kwestii Izraela. A to między innymi dlatego, że w czasach Oslo zdawało nam się, iż amerykańscy, izraelscy i palestyńscy przywódcy stworzą rozwiązanie dwupaństwowe samodzielnie. Ale też dlatego, że lata

dziewięćdziesiąte były dla aktywistycznej amerykańskiej lewicy straconą dekadą[10].

Izrael i Palestyńczycy mogli – i nadal mogą – skupiać uwagę na tych momentach w przeszłości, kiedy Żydzi i Arabowie żyli razem w pokoju, czy to przez wieki w Palestynie, czy w hiszpańskiej Andaluzji od VIII do XV wieku. Gdy jednak świat próbował włączać się we wspieranie stosunków żydowsko-arabskich po podpisaniu porozumień z Oslo, działał z cynizmem, który pomagał Izraelowi osiągać swoje cele. Podam jeden przykład: konferencja Organizacji Narodów Zjednoczonych do spraw Edukacji, Nauki i Kultury (UNESCO) zorganizowana w Grenadzie 8 grudnia 1993 roku pod hasłem „Pokój, dzień po", w której uczestniczyłem.

Celem spotkania nie było jednak wcale to, aby Izraelczycy i Palestyńczycy, wraz z innymi uczestnikami z regionu, wypracowali strategie dla kultury po zakończeniu konfliktu. Było nim uwiarygodnienie tego, co już się działo, bez zadawania niewygodnych pytań. Cała rzecz została starannie wyreżyserowana – uczestnicy mieli tylko nie wychodzić poza ustalone ramy.

Na pierwszej sesji zadałem pytanie, jak można mówić o pokoju, zanim w ogóle zaistnieją podstawowe przesłanki dla niego. My, Palestyńczycy, byliśmy nadal pod okupacją, a okupant prowadził rozmyślną politykę osiedlania swojej ludności na terenach okupowanych. Po mnie zabrał głos wykładowca z Uniwersytetu Telawiwskiego, który wyraził zaniepokojenie moją niezdolnością do patrzenia w przyszłość.

Poczuł się rozczarowany, słysząc, jak mówię o okupacji Zachodniego Brzegu, Gazy, Wzgórz Golan i Synaju po wojnie 1967 roku. Palestyńczycy, mówił dalej, uporczywie wracają do przeszłości. „My, Izraelczycy, też mamy do czego wracać. Możemy mówić o trzech tysiącach lat dziejów". Inny naukowiec obruszył się na mój dobór słów: „terytoria okupowane" sugerują, że ma miejsce jakaś okupacja, zupełnie jak niegdyś okupacja Francji przez Niemców. „To przecież kłamstwo", stwierdził.

Jałowa debata ciągnęła się dalej. Później, gdy do sali wszedł minister spraw zagranicznych Izraela Szimon Peres, zapadło pełne napięcia milczenie. Nie odezwał się ani słowem, a po dokładnie czterech minutach wyszedł, żeby zdążyć na samolot. Zastanawiałem się, po co się w ogóle pokazał, ale później uświadomiłem sobie, że chodziło o to, aby goście konferencji mogli powiedzieć, że się z nim spotkali, tak jak i z dygnitarzami i myślicielami ze świata arabskiego. Spotkanie było farsą. Nie dano nam szansy, byśmy przedstawili własne pomysły na przyszłe projekty kulturalne. Cel był stricte polityczny.

W gronie pisarzy, którzy odmówili udziału w konferencji, był palestyński poeta Mahmud Darwisz. Doradczyni Szimona Peresa do spraw kultury skomentowała to tymi słowami: „Kiedy Makhmud [bo tak wymawiała jego imię] Darwisz opuścił Izrael, żeby dołączyć do OWP, napisałam do niego list. Wczoraj wieczorem przejrzałam tenże list i poczyniłam notatkę, którą pragnę teraz Państwu odczytać: «Gdzie się podziewasz, Makhmudzie Darwiszu? Dlaczego nie przybyłeś na konferencję? Teraz, gdy nastał pokój i obie strony się spotykają, gdzie jesteś, Makhmudzie Darwiszu?»". Jej słowa dźwięczały mi w uszach jeszcze długo po tym wydarzeniu.

Nie przyjeżdżając, wielki poeta wykazał się większą przenikliwością niż my wszyscy pomimo olbrzymiej presji, jaką niewątpliwie wywierała na nim w związku z tą sprawą OWP.

Ukazałem, dlaczego kres apartheidu w Południowej Afryce nie zmotywował Izraelczyków do zakończenia prowadzenia podobnej polityki na Palestyńskich Terytoriach Okupowanych. Teraz pora na kolejne pytanie: dlaczego świat nie wywierał nacisków na Izrael, aby ten dążył do pokoju?

Międzynarodowa konferencja zwołana w Madrycie, aby dać impuls do wznowienia negocjacji, kontynuowanych potem i zamkniętych rozczarowującymi porozumieniami z Oslo, nie stanowiła autentycznej międzynarodowej próby zakończenia okupacji. Stany Zjednoczone, które ustaliły warunki bilateralnych rozmów między Izraelem i Palestyńczykami, narzuciły tak wąskie parametry, że owe negocjacje nie miały szans doprowadzić do zakończenia okupacji ani wycofania izraelskich wojsk z terenów okupowanych. Stało się tak wskutek ograniczenia zakresu spraw do „ustaleń dotyczących przejściowego samorządu". Oznaczało to, że w negocjacjach można było pomijać kwestie związane z zaprzestaniem wszelkich działań służących aneksji i wywłaszczeniom, a także z likwidacją osiedli. Stany Zjednoczone pokazały, że nie rozumieją, co jest potrzebne, żeby między Izraelczykami i Palestyńczykami zapanował pokój.

Jak opisać sytuację po konferencji w Madrycie, trzy dekady po ratyfikowaniu porozumień z Oslo?

Po ponad pięćdziesięciu latach podejmowanych gorliwie przez Izrael prób wmówienia światu, że jego obecność na terenach okupowanych nie jest żadną okupacją, lecz spełnieniem woli boskiej, świat w dalszym ciągu nazywa rzecz po imieniu – okupacją – jak pokazały zeznania przedstawicieli wielu państw na rozprawie Międzynarodowego Trybunału Sprawiedliwości (MTS) w lutym 2024 roku na temat legalności okupacji. Status ten mają wszystkie tereny, które znalazły się pod okupacją Izraela w 1967 roku, włącznie ze Wschodnią Jerozolimą, której aneksja nie została uznana. Izraelskie osiedla na Zachodnim Brzegu i we Wschodniej Jerozolimie w dalszym ciągu określane są jako nielegalne.

Pod koniec lat siedemdziesiątych ubiegłego wieku Menachem Begin szukał sposobów na przyciągnięcie osadników z przedmieść, aby stworzyć silne lobby, które zablokuje ewentualne przyszłe rozwiązania polityczne oparte na kompromisie terytorialnym. Zanik lewicy w Izraelu, jak też rozbudowa osiedli izraelskich, możliwa dzięki napływowi gigantycznych funduszy ze Stanów Zjednoczonych, doprowadziły do utworzenia wyborczego bloku osadniczego, który (jak przewidywał Begin już w 1980 roku) uniemożliwi, politycznie, każdemu izraelskiemu rządowi wycofanie się z Palestyńskich Terytoriów Okupowanych. Jednocześnie, jeśli Izrael tego nie zrobi, politycznie zdryfuje jeszcze bardziej na prawo. Przerodzi się w państwo jawnie faszystowskie i rasistowskie, a ostatecznie, jeśli nie będzie chciał dalej być oskarżany o realizowanie polityki apartheidu, zostanie zmuszony do tego, co zrobili biali w RPA, czyli do dania prawa głosu wszystkim mieszkańcom obszaru Wielkiego Izraela/geograficznej Palestyny. Tym sposobem mogłoby powstać jedno demokratyczne, laickie (nie żydowskie) państwo w Izraelu/Palestynie.

Obecnie stosunek Izraela do terenów palestyńskich bardziej przypomina kolonializm niż okupację. Okupacja to sytuacja tymczasowej kontroli o charakterze wojskowym, zewnętrznej wobec suwerennych granic państwa. Kontrola nad żydowskimi osiedlami na terenach okupowanych ma charakter cywilny, trwały (wedle zapewnień izraelskich przywódców) oraz wewnętrzny względem społeczeństwa i polityki Izraela. Na Zachodnim Brzegu (w tym w części Jerozolimy za zieloną linią) żyje ponad 600 tysięcy izraelskich obywateli, których obowiązuje izraelskie prawo. Izrael kontroluje wjazdy i wyjazdy, cła i podatki, turystykę i handel, a nawet rejestruje urodzenia i zgony na Palestyńskich Terytoriach Okupowanych.

Na Zachodnim Brzegu dwie społeczności – izraelskich Żydów i palestyńskich Arabów – żyją tuż obok siebie, ale podlegają różnym prawom oraz systemom prawnym. Niewyobrażalne środki, owoc imponującego sukcesu gospodarczego Izraela, płyną głównie do żydowskiej ludności po obu stronach zielonej linii. To pogłębia proces „osobnego rozwoju", który charakteryzuje reżimy apartheidu. Takie procesy zrodziły różne kategorie obywateli, które znów przywodzą na myśl RPA w przeszłości: Żydzi między rzeką Jordan a morzem są „białymi" obywatelami, Arabowie w Izraelu mają obywatelstwo „kolorowe" (inaczej mówiąc, częściowe), a Palestyńczycy na terenach okupowanych – „czarne": są pozbawieni praw politycznych.

Przykładem jest miasto Hebron. Kiedy na początku lat osiemdziesiątych XX wieku usłyszałem po raz pierwszy o planach połączenia izraelskiego osiedla Kirjat Arba z historycznym śródmieściem Hebronu, sądziłem, że to mrzonka, rzecz nie do zrealizowania. A wygląda na to, że Izrael do tego doprowadził. Potem myślałem, że 850 izraelskich osadników będzie musiało zamieszkać w getcie starego miasta Hebronu, otoczonych ponad 216 tysiącami mieszkających tam Palestyńczyków. Teraz już wiem, że plan wcielony w życie przez Izrael obejmował połączenie osiedli z Jerozolimą najdłuższym w kraju tunelem, który przebiega pod palestyńskim miastem Bajt Dżala. W ten sposób izraelski plan zagospodarowania przestrzennego zamienił arabski Hebron i inne palestyńskie miejscowości w enklawy. Teraz to Palestyńczycy żyją w enklawach, oddzieleni od siebie murami i checkpointami, natomiast izraelskie osiedla połączone są siecią wielopasmowych autostrad, których plany powstały już w 1984 roku, gdy opublikowano Plan dróg numer 50, całościową mapę dróg mających zastąpić istniejącą sieć komunikacyjną na Zachodnim Brzegu.

Podczas gdy tymczasowa okupacja wojskowa bywa niekiedy usprawiedliwiona jako konieczna, a nawet zgodna z prawem, kolonializm i apartheid są zawsze nielegalne i niedemokratyczne. Zamiast jednak zakończyć tę sytuację, porozumienia w Oslo jedynie ją zabetonowały. Po ponad półwieczu społeczność światowa nie przestaje tolerować naruszania przez Izrael prawa międzynarodowego i nigdy nie obłożyła go sankcjami, jak uczyniła to w przypadku innych krajów, gdy te łamały międzynarodowe prawo humanitarne.

Oto, jak okupację Gazy i Zachodniego Brzegu opisał psychiatra Ijad as-Sarradż, twórca Społecznego Programu Ochrony Zdrowia Psychicznego w Gazie:

Oznacza ona między innymi:
- numer identyfikacyjny oraz pozwolenie na zamieszkiwanie jako rezydent, które się traci, jeśli wyjedzie się z kraju na dłużej niż trzy miesiące;
- dokument podróżny stwierdzający, że osoba legitymująca się nim jest nieokreślonej narodowości;
- bycie wzywanym dwa razy do roku przez służby wywiadowcze na rutynowe przesłuchania oraz namowy, by zostać informatorem i donosić na „swoich braci i siostry";
- wychodzenie z domu w obozie uchodźców w Gazie o trzeciej rano, pokonywanie zapór drogowych

i checkpointów, żeby wykonywać pracę, której nikt inny nie chce, powrót do domu wieczorem i padnięcie na łóżko na parę godzin, zanim wstanie się do pracy następnego dnia;

- utratę szacunku własnych dzieci, które patrzą, jak ktoś pluje na ich ojca i bije go na ich oczach;
- oglądanie, jak izraelscy osadnicy w Hebronie opluwają (imię) Proroka.

Zakończył słowami: „Byliśmy wyczerpani, udręczeni i traktowani jak zwierzęta"[11].

Nigdy nie zapomnę sceny z holendersko-izraelskiego filmu dokumentalnego z 2004 roku *Arna's Children*. Chłopiec o imieniu Ala z obozu uchodźców w Dżeninie siedzi na ruinach swojego domu, wysadzonego w powietrze przez izraelską armię, a po jego krągłej buzi przemyka cień tłumionego gniewu. Film, wyreżyserowany przez nieodżałowanego Juliana Mer Khamisa oraz Danniela Danniela, opowiada o młodzieżowej grupie teatralnej założonej w Dżeninie przez izraelską matkę Juliana. Śledzi życie Ali i jego kolegów od dzieciństwa aż do momentu, gdy stali się bojownikami. Był on dla mnie objawieniem, pomógł mi zrozumieć przeżycia i rozwój mężczyzn tak różnych ode mnie oraz ich bojową reakcję na izraelską okupację, jakże odmienną od mojej. Ala walczył wytrwale aż do śmierci.

Od lat, kiedy obserwuję izraelskie operacje wojskowe przeciwko Gazie i widzę palestyńskich bojowników stawiających czoło najpotężniejszej armii na Bliskim Wschodzie w sposób, w jaki nie uczyniła tego żadna arabska armia od 1973 roku, myślę o tym filmie i zapisanych w nim świadectwach.

Wciąż jednak dręczy mnie pytanie: dlaczego Izrael był tak nieprzygotowany na rozwiązanie pokojowe? Dlaczego nie skorzystał ze sposobności do negocjacji z OWP, żeby doprowadzić do pojednania ze swoimi sąsiadami, którzy w tamtym momencie byli skorzy zawrzeć pokój?

Po zwycięstwie Izraela w wojnie 1967 roku jego minister obrony Mosze Dajan ogłosił wszem wobec: „Teraz stanowimy imperium". Wydaje się, że izraelscy przywódcy nigdy nie przestali w to wierzyć. Jako imperium, ze swoją potęgą militarną, Izrael był zdeterminowany nie wypuścić z rąk żadnego z terenów, które w 1967 roku znalazły się pod jego okupacją. Zamiast wykorzystać negocjacje w Oslo do zawarcia prawdziwego pokoju ze swoim wrogiem, OWP, Izrael opracował akt kapitulacji i zmusił przeciwnika do podpisania go. Z kolei OWP była źle przygotowana do rozmów, czuła się zagrożona przez swojego rywala, Hamas, i zabiegała o to, by za wszelką cenę odzyskać pozycję w Palestynie.

Lecz to niejedyny powód, dla którego Izrael nie był – i nadal nie jest – skory do zawarcia pokoju. Autentyczny pokój oznaczałby konieczność rewizji mitu, na którym państwo Izrael zostało ustanowione, a także prawdopodobnie gigantyczne odszkodowania dla wysiedlonych Palestyńczyków. No i oczywiście współdzielenie z nimi ziemi.

Jest jeszcze jeden powód, podobny do tych, które utrzymują inne potęgi militarne w trybie wojennym: interesy producentów broni. Izrael to jeden z największych eksporterów produktów przemysłu obronnego. Permanentny stan wojny służy interesom wpływowych wytwórców w Izraelu, którzy mogą zachwalać swój sprzęt jako przetestowany. Cztery miesiące po wybuchu wojny w Gazie izraelska armia, jak pisze izraelski portal „+972", „znów promuje się jako najnowocześniejsza potęga militarna, reklamując zautomatyzowane systemy broni i superzaawansowane komputerowe technologie inwigilacji jako «wypróbowane na poligonie» toczonej przez nią wojny w Gazie"[12]. Utrwala także lęk, który działa jak spoiwo dla rozmaitych skonfliktowanych frakcji izraelskiego społeczeństwa. Stało się to nader widoczne w czasie wojny w Gazie, kiedy to ludność Izraela, wcześniej boleśnie podzielona w kwestii zmian konstytucyjnych proponowanych przez rząd Netanjahu, raptem w dużej mierze się zjednoczyła.

Jeszcze jednym powodem, dla którego Izrael nie był gotowy na pokój, jest rosnąca w tym kraju popularność mesjanistycznego ruchu, którego zwolennicy wierzą, że ziemia to dziedzictwo dane im przez Boga, a więc własność niezbywalna.

To odróżnia Izrael od RPA czasów apartheidu. Podczas gdy w Południowej Afryce rasa panów była homogeniczna, w Izraelu jest ona spolaryzowana politycznie, religijnie, gospodarczo i społecznie. Jeśli zabierzemy mu obawę przed wspólnym wrogiem zewnętrznym, istnieje prawdopodobieństwo rozpadu państwa nie tylko pod wpływem ciśnienia z zewnątrz, lecz także od środka.

Trzydziestego sierpnia 2016 roku Tamir Pardo, były szef Mosadu (izraelskich służb wywiadu zewnętrznego), postawił tezę, że największe niebezpieczeństwo grożące Izraelowi nie pochodzi z zewnątrz, lecz są nim raczej podziały w łonie społeczeństwa. Na konferencji prasowej przed uroczystością na cześć poległych żołnierzy druzyjskich powiedział: „Jeżeli podzielone społeczeństwo przekroczy określony próg, w najskrajniejszych przypadkach może dojść do takich zjawisk jak wojna domowa". Dodał, że sytuacja w Izraelu coraz bardziej zbliża się do stanu wojny domowej: „Obawiam się, że [zmierzamy] w tym kierunku"[13]. Nie wspomniał, że lęk przed wspólnym wrogiem to coś, co pomaga oddalić widmo takiej wojny, przynajmniej na jakiś czas.

Uri Awneri, weteran dziennikarstwa i były członek Knesetu (izraelskiego parlamentu), zasugerował, że Pardo miał na myśli rozłam między europejskimi Żydami aszkenazyjskimi a orientalnymi Żydami mizrachijskimi. Napisał:

Tym, co sprawia, że rozłam ten jest potencjalnie tak niebezpieczny, i co tłumaczy złowieszcze ostrzeżenia Pardo, jest fakt, iż przytłaczająca większość orientalnych to „prawicowcy", nacjonaliści i ludzie co najmniej średnio religijni, większość aszkenazyjczyków zaś to „lewicowcy", bardziej pokojowo usposobieni i z ducha laiccy. A że aszkenazyjczycy są też na ogół społecznie i ekonomicznie lepiej sytuowani niż orientalni, jednych i drugich dzieli przepaść (…).

Wielu Izraelczyków zaczęło mówić o „dwóch społeczeństwach żydowskich" w Izraelu, niektórzy mówią wręcz o „dwóch żydowskich ludach" w narodzie izraelskich Żydów. Co ich jednoczy? Konflikt, rzecz jasna. Okupacja. Permanentny stan wojny (…).

Nieprawda, że konflikt izraelsko-arabski został Izraelowi narzucony. Przeciwnie: już raczej jest on przez niego podtrzymywany, gdyż Izrael potrzebuje go, żeby istnieć[14].

Dwudziestego czwartego marca 2016 roku dwudziestojednoletni Abd al-Fattah asz-Szarif z okupowanego Starego Miasta Hebronu leżał na ziemi, postrzelony po tym, jak rzekomo próbował dźgnąć nożem izraelskiego żołnierza. Na miejsce przybył osiemnastoletni sierżant Elor Azaria z palestyńsko-izraelskiego miasta Ramla, członek korpusu medycznego izraelskiej armii. Zamiast udzielić pierwszej pomocy leżącemu na ziemi krwawiącemu Palestyńczykowi, podniósł karabin i z bliska strzelił mu w głowę.

Patrzyłem na fotografię ciała Asz-Szarifa okrytego czarnym płótnem, w rozlewającej się kałuży krwi, i przechodzących obojętnie obok żołnierzy i osadników. Nie potrafiłem zdobyć się na to, żeby obejrzeć wideo nakręcone przez jakiegoś dzielnego Palestyńczyka. Od czasu tamtego zabójstwa nie mogę jednak przestać myśleć o pokrętnej ideologii, która zmieniła młodego chłopaka w kogoś zdolnego do zabicia rannego człowieka raptem kilka lat starszego od niego samego. Cytuję jego słowa: „Ten terrorysta musi umrzeć". Co za brutalność i strach musiały stłamsić jego człowieczeństwo do tego stopnia, że nie okazał ani cienia współczucia, czy choćby wahania? Po tym, co zrobił, był tak nieporuszony, że nic nie przeszkodziło mu wysłać ojcu esemes z informacją o swoim wyczynie.

Nie mogłem przestać patrzeć na twarz tego młodego Izraelczyka, szukając w niej jakichś tropów. W dużych, czarnych oczach widać było pewną ciekawość, ale jego mina świadczyła o jakiejś wyższości, arogancji, nieczułości. Gesty, którymi obejmowali go rodzice, nie zdradzały ani śladu powątpiewania w moralną słuszność tego, co zrobił, choć szczątkowego współczucia dla rodziców zamordowanego, jego rodziny czy kolegów. To samo można powiedzieć o większości izraelskiej opinii publicznej, która nazwała go bohaterem. Tysiące ludzi wyszło na ulice, żeby zademonstrować mu swoje poparcie. Sześćdziesiąt procent młodych osób było zdania, że dobrze postąpił, zabijając Palestyńczyka. Premier Benjamin Netanjahu zadzwonił do jego rodziny z wyrazami wsparcia. Któż więc mógłby pomóc temu młodemu żołnierzowi odzyskać człowieczeństwo? Czego byłoby trzeba, żeby przywrócić człowieczeństwo dziesiątkom tysięcy podobnie znieczulonych Izraelczyków?

Decyzja o postawieniu Azarii w stan oskarżenia, uznanie go za winnego spowodowania utraty życia i kara osiemnastu miesięcy pozbawienia wolności – później skrócona do czterech – wstrząsnęły izraelską opinią publiczną, ujawniając głębokie podziały w poglądach na ważne sprawy.

Elor Azaria pochodził z ubogiej mizrachijskiej rodziny i nie krył się ze swoim poparciem dla faszystowskiego i rasistowskiego ruchu kahanistów. Po mordzie był fetowany, a prawica okrzyknęła go „naszym synem, naszym bohaterem". Ta duchowa adopcja dała części populacji pretekst do ataku na lewicę, media, sądownictwo i wojskowego szefa sztabu. Dziewiętnastego kwietnia 2016 roku na placu Rabina w Tel Awiwie demonstrowały w obronie Azarii dwa tysiące ludzi. Tłum skandował groźby pod adresem szefa sztabu Sił Obronnych Izraela (SOI) Gadiego Eisenkota: „Gadi, Gadi, uważaj! Rabin szuka przyjaciela" – w aluzji do zabójstwa premiera Icchaka Rabina.

W komentarzu na portalu „+972" Edo Konrad pisał 4 stycznia 2017 roku:

Zatrważające, niemal jednogłośne poparcie żydowskiej izraelskiej opinii publicznej dla Azarii jest oznaką, że zmiana demograficzna ma szeroko zakrojone następstwa społeczne. Wielu interpretowało oburzenie tym, że Azaria w ogóle stanął przed sądem, jako rewoltę przeciwko starym elitom wojskowym. Nadejście nowej klasy polityków, takich jak Miri Regew, która uważa się za przywódczynię walczących mizrachijczyków, daje powody, aby sądzić, że armia z politycznych peryferii jeszcze bardziej się rozzuchwali. Przepaść między starymi elitami wojskowymi i sądowniczymi a peryferiami od zawsze pogardzanymi przez liberalne elity, a teraz popieranymi przez skrajną prawicę, jedynie urośnie. Jednocześnie zacieśni się kontrola nad milionami Palestyńczyków[15].

Abstrahując od tego gwałtownego zwrotu na prawo, jak wytłumaczyć w ludzkich kategoriach totalną dehumanizację, która pozwoliła żołnierzowi służb medycznych zastrzelić rannego Palestyńczyka, który nikomu nie zagrażał?

Według izraelskiego publicysty Yossiego Kleina:

Wpajanie nam od dziecka określonego wizerunku Araba nie pozostało bez konsekwencji. Trudno dziś znaleźć w Izraelu osoby mówiące po arabsku, które nie są Arabami bądź też nie urodziły się w kraju muzułmańskim. Dziewięćdziesiąt procent Arabów w Izraelu włada hebrajskim, tymczasem zaledwie trzy procent Żydów urodzonych w Izraelu mówi po arabsku. W ubiegłym roku raptem dwa tysiące żydowskich licealistów zdawało egzamin maturalny z języka rodzimego dwudziestu procent mieszkańców ich kraju. Nastolatkowie, którzy przystąpili do egzaminu z arabskiego, nie postrzegali tego języka jako pomostu. Widzieli w nim broń, a większość z nich przypuszczalnie została wcielona do Jednostki 8200[16].

8200 to jednostka izraelskiego korpusu wywiadowczego założona w 1952 roku w celu prowadzenia wywiadu radioelektronicznego oraz deszyfrowania informacji. Trzeba wspomnieć, że języki obu stron, arabski i hebrajski, są bardzo podobne. Pewna liczba arabskich wyrazów weszła do codziennego słownika osób hebrajskojęzycznych, jak choćby *ahlan*, popularne przywitanie, coś jak „cześć", „witaj", albo *walla*, które oznacza „na Allaha", „na Boga". Mniej hebrajskich wyrazów używają osoby arabskojęzyczne. Z wyjątkiem *jom jom*, oznaczającego „codziennie", i *ramzon* („światła", „sygnalizacja świetlna") większość hebrajskich słów, które weszły do arabskiej mowy potocznej, ma konotacje wojskowe lub związane z bezpieczeństwem, na przykład *machsom*, czyli „punkt kontrolny", „checkpoint", które przyjmuje arabską formę liczby mnogiej *machasim*, czy też *machszir* – „krótkofalówka".

Arabskie wyrazy w języku hebrajskim często funkcjonują jako przekleństwa: *szababnikim* to w hebrajskim pejoratywne, slangowe określenie prawicowych młodych ekstremistów z ultraortodoksyjnych domów, marginesu społecznego ortodoksji. Często są to chłopcy wyrzuceni z jesziwy, którzy nasiąknęli antyarabskimi uprzedzeniami, jakie znaleźć można nawet w niektórych pismach rabinicznych. Wspomniany wyraz ma źródłosłów w arabskim *szabab*, „młodzież". W izraelskim społeczeństwie kojarzy się z chuliganami, którzy rzucają kamieniami. W różnych instytucjach prowadzących kursy hebrajskiego dla nowych imigrantów uczy się europejskiego, a nie bliskowschodniego akcentu. Przez to różnica między arabskimi użytkownikami hebrajskiego a nie-Arabami staje się jeszcze bardziej widoczna. Na checkpointach i na lotnisku, jeśli strażnik ma wątpliwości, zagaduje pasażera, chcąc ustalić na podstawie jego akcentu, czy jest Arabem, czy też nie, by móc zastosować surowsze zasady obowiązujące Arabów w takich miejscach.

Przykładem chyba najbardziej cynicznego i pokrętnego wykorzystania podobieństw wyglądu zewnętrznego i języków jest działalność izraelskich agentów, zwanych *musta'rabun* („zarabizowani", „zachowujący się jak Arabowie" tudzież „udający Arabów"), wpuszczanych pomiędzy Palestyńczyków, aby identyfikować i aresztować albo zabijać aktywistów. Kiedy przebrani za Arabów żołnierze zostali zaatakowani przez osadników w południowej części Zachodniego Brzegu, w pobliżu wsi Susia, politycy w Izraelu skrytykowali wykorzystanie przez wojsko owych tajniaków i wstawili się za osadnikami, tłumacząc, że działali oni „w przekonaniu, że to terroryści".

Dwudziestego szóstego sierpnia 2014 roku deputowani Knesetu z izraelskich partii Jisra'el Betenu (Nasz Dom Izrael), Likud oraz Żydowski Dom zgłosili projekt ustawy, wedle której arabski miał utracić status języka oficjalnego w Izraelu. Uczynili to w imię umacniania „spójności społecznej" w państwie. Cztery lata później, wraz z uchwaleniem ustawy o państwie narodu żydowskiego 19 lipca 2018 roku, odebrano arabskiemu w Izraelu status języka oficjalnego. We wrześniu 2014 roku izraelski Urząd do spraw Ludności, Imigracji i Granic opublikował swój doroczny raport na żydowski Nowy Rok, zawierający spis najpopularniejszych imion nadawanych dzieciom w Izraelu. Choć tak naprawdę na samym szczycie znalazło się arabskie imię Mohammad, w oficjalnym spisie ukryto ten fakt i podano, że największym powodzeniem cieszyły się żydowskie imiona Josef, Daniel i Uri.

Wyżyn absurdu sięga niekiedy nagonka na palestyńską literaturę. Popularny wiersz Mahmuda Darwisza „Zapisz: jestem Arabem" został odczytany na antenie radia izraelskiej armii w audycji z cyklu „Uniwersytet w eterze" o najważniejszych izraelskich tekstach literackich. Ówczesny minister obrony Izraela Awigdor Lieberman przyrównał to do „wychwalania literackich walorów *Mein Kampf* Adolfa Hitlera". Dodał, że głównym zadaniem stacji jest wszakże „wzmacniać solidarność społeczną, a nie pogłębiać podziały społeczne".

W trakcie jednej z wcześniejszych niszczycielskich napaści Izraela na Gazę, operacji Płynny Ołów na przełomie lat 2008 i 2009, Ijad as-Sarradż pisał: „Brutalność i rzeź w Gazie na obecną skalę to niebezpieczny omen. Izrael powinien powściągnąć swoją mocarstwowość i stawić czoło konsekwencjom wciągnięcia regionu na drogę tak poważnej i natężonej przemocy. Palestyńczycy natomiast powinni zaprzestać wszelkich form przemocy i zjednoczyć się w dążeniu do pokoju i sprawiedliwości". Odnotowaliśmy już, jaki niepokój budziła w nim brutalność wobec dzieci zmuszanych do patrzenia, jak na ich oczach opluwa się i bije ich ojców. A od tamtej pory wydarzyły się rzeczy znacznie gorsze.

Izraelski żołnierz służący w Hebronie Eran Efrati otrzymał polecenie „zebrania danych wywiadowczych"* w domu jednego z palestyńskich mieszkańców historycznej starówki. Pozwoliło mu to zaobserwować skutki nieludzkiego traktowania, jakiemu poddawano Palestyńczyków. Kiedy odważył się zaprotestować, jego przełożony powiedział: „Przeszukujemy domy co noc, trzy–cztery w ciągu jednej nocy, i tak od czterdziestu lat. Jeśli cały czas będziemy robić naloty na ich domy, cały czas kogoś aresztujemy, a oni cały czas będą się bać, nigdy nas nie zaatakują. Będą zaszczuci i tyle".

To tylko jeden z przykładów polityki siania terroru, którą izraelska okupacja od dawna ćwiczy na Palestyńczykach. W 2002 roku Mosze Ja'alon, ówczesny szef sztabu, oznajmił, że izraelska armia próbuje

* Siły Obronne Izraela nazywają ten od lat praktykowany proceder – śródnocnych nalotów na domy połączonych z przeszukaniami i aresztowaniami – po orwellowsku „mapowaniem domów" (przyp. tłum.).

„wyryć w świadomości Palestyńczyków" rozrysowaną przez sztab generalny izraelskiej armii „mapę bólu"[17].

Kiedy to usłyszałem, przypomniało mi się, że to nie pierwsza próba „rycia w naszej świadomości". Wcześniejszą podjął Ariel Szaron, który, jak napisałem w mojej książce *Palestyńskie wędrówki* z 2008 roku, usiłował „wyryć w świadomości Palestyńczyków nową geografię" Palestyny. Jak widać, Izraelczycy stale próbują coś wyryć w świadomości Palestyńczyków, ale jakoś bez skutku.

Od czasu operacji Płynny Ołów w 2008 roku, w której zabito ponad 1300 Palestyńczyków, miały miejsce trzy inne napaści na Gazę. Operacja Ochronny Brzeg trwała od 8 lipca do 26 sierpnia 2014 roku i pochłonęła życie ponad 2300 Palestyńczyków. Po niej, w maju 2021 roku, nastąpiły izraelskie ataki z powietrza, wedle zapewnień Izraela w odpowiedzi na rakiety wystrzelone z Gazy. W walkach trwających jedenaście dni co najmniej 260 osób zostało zabitych w Gazie, a w Izraelu śmierć poniosło trzynaście. Następnie, w sierpniu 2022 roku, ponad trzydzieścioro Palestyńczyków, w tym kobiety i dzieci, zginęło w nalotach dokonywanych przez izraelskie samoloty. Jednakże najbardziej wymownym wstępem do tej najpotworniejszej wojny z Gazą w latach 2023–2024 była operacja Ochronny Brzeg w 2014 roku, która trwała pięćdziesiąt dni.

W trakcie tamtej wojny Izrael próbował uciszać krytykę swoich ataków powietrznych na infrastrukturę cywilną, twierdząc, że uprzedzał cywilów o mających nastąpić nalotach. Niemniej okrucieństwa i barbarzyństwa wojny przeciwko Gazie, temu więzieniu na wolnym powietrzu, w którym nie ma dokąd uciec ani gdzie się schować, nie dało się zatuszować językowymi sztuczkami. Jedno z nich izraelska armia nazwała makabrycznie „pukaniem w dach", a polegało ono na wystrzeleniu pocisku, który miał ostrzegać mieszkańców, że ich dom stanie się celem ataku.

Próbując uniknąć oskarżeń o spowodowanie śmierci tak wielkiej liczby cywilów podczas ataku na Gazę w 2014 roku, Izrael najpierw przekazał telefonicznie ponad 100 tysiącom mieszkańców dwóch dzielnic w mieście Gaza, że mają się ewakuować z domów[18]. Po tym ogólnikowym ostrzeżeniu cywile usłyszeli: „Wynoście się, macie pięć minut, zanim spadnie rakieta". Następnie było „pukanie w dach", by im uświadomić, że wojsko nie żartuje. Jak ujawniła Al-Dżazira, armia nie odczekiwała tego krótkiego czasu, lecz zrzucała bomby wcześniej, a przecież nawet pięć minut nie wystarczyłoby na ewakuowanie się z domu całych rodzin, zwłaszcza tych z małymi dziećmi.

Poza orwellowskim językiem napaść na Gazę w roku 2014 oraz relacje z tych wydarzeń obfitowały we wprowadzające w błąd sformułowania. Zaciemnianie prawdy zaczęło się od oficjalnego hebrajskiego kryptonimu nadanego tej napaści przez Izrael, w dosłownym tłumaczeniu: „Niewzruszona skała". Jak zauważył Steven Poole z „The Guardian", miał on „przekonać ofiary o daremności wszelkiego oporu. Tylko głupiec próbowałby walczyć ze skałą". W angielskim użyto nazwy Protective Edge, Ochronny Brzeg. Jak wyjaśnił rzecznik prasowy izraelskiej armii, wybrano takie określenie, żeby „wywołać skojarzenia o bardziej obronnym charakterze". Poole dodał: „Bombardowanie miało rzekomo «chronić», ale nie tych, którzy byli bombardowani". Walki rzadko były nazywane przez Izrael wojną, częściej „starciami" albo „konfliktem". Izraelczyków biorących w nich udział określano jako „żołnierzy", a Hamas – jako „terrorystów", którzy pobudowali „tunele terroru". Tak samo jak podczas obecnej napaści na Gazę, tak i wtedy premier Izraela Benjamin Netanjahu twierdził, że Hamas zamienił obiekty ONZ w *terrorist hotspots**. Poole skomentował to tak: „Hotspot terrorystów to coś jak hotspot wi-fi: gdy przebywasz w zasięgu, masz pewność, że złapiesz terrorystę. Naturalnie, jeśli zamierzasz to uskutecznić za pomocą wielkiej bomby, to przy okazji złapiesz pokaźną grupę innych ludzi"[19].

Idan Barir, kapitan artylerii z Izraela, przyrównał użycie artylerii do rosyjskiej ruletki:

Ostrzał artyleryjski (…) to całkowite przeciwieństwo precyzyjnego ostrzału snajperskiego (…). [To] nic innego jak wielki granat odłamkowy, który ma za zadanie zabić wszystkich w promieniu

---

* Gra słów: angielskie *hotspot* oznacza też punkt zapalny (przyp. tłum.).

60 metrów (…). [N]ie jest on kierowany na konkretne cele (…). [O]d początku operacji Ochronny Brzeg SOI wystrzeliły już tysiące pocisków artyleryjskich na różne części Strefy Gazy. Rakiety zadały niewyobrażalne szkody ludzkim istnieniom oraz zdewastowały obiekty infrastruktury[20].

Choćby nie wiem jak próbowano zmienić postrzeganie okrutnej rzeczywistości, czy to za pomocą językowych forteli, czy manipulowania mediami, liczba ofiar śmiertelnych i skala zniszczeń spowodowanych w Gazie w toku tamtej wojny były koszmarne. W ciągu pięćdziesięciu dni walk w 2014 roku Izrael zrzucił 20 tysięcy ton materiałów wybuchowych na obszar 365 kilometrów kwadratowych, zabijając 2251 Palestyńczyków[21]. Jednak coś dalece gorszego miało nadejść dziesięć lat później.

Po wojnie w 2014 roku dziennikarz Uri Awneri zauważył, że rozgrywano jakby dwie wojny:

Obecnie izraelskie media są bez reszty podporządkowane. Niezależne doniesienia nie istnieją. „Korespondenci wojenni" nie są wpuszczani do Gazy, aby mogli się przekonać na własne oczy (…). Uciekam przed tym praniem mózgu, słuchając obu stron, przełączając się stale między izraelskimi stacjami telewizyjnymi a Al-Dżazirą (arabsko- i angielskojęzyczną). Co widzę? Dwie różne wojny toczące się w tym samym czasie na dwóch różnych planetach (…).

Bardzo wymowne było to, co po wojnie 2014 roku powiedział, w wywiadzie dla BBC, wychwalany pod niebiosa orędownik pokoju i były izraelski prezydent Szimon Peres, który za swojej kadencji jako premier Izraela wybudował więcej osiedli niż którykolwiek inny izraelski przywódca i przyczynił się do pozyskania przez państwo broni nuklearnej: „Prowadzony przez Hamas szeroko zakrojony ostrzał rakietowy z terenu Gazy w ostatnim miesiącu sprawia, że trudno znaleźć argumenty za wycofaniem się z Zachodniego Brzegu w ramach przyszłego porozumienia pokojowego z Palestyńczykami".

Powtarzając kłamstwo, którym często posługują się izraelscy propagandyści, aby zaprzeczyć temu, jakoby Izrael prowadził oblężenie Gazy, Peres dodał:

Patrzcie, opuściliśmy Gazę z własnej woli, jednostronnie. Oddaliśmy Palestyńczykom wolną, otwartą Gazę. A to piękny pas pięknej plaży. Mogli rozwijać tam turystykę, rybołówstwo, rolnictwo. Szczerze, nie pojmujemy, dlaczego oni walczą. Po co strzelają? Jakie mają powody? Wycofaliśmy się. O co im chodzi? Chcą być wolni? A nie są?[22]

Izrael nie tylko od szesnastu lat prowadzi blokadę Strefy Gazy, lecz także uniemożliwia Palestyńczykom eksploatację złoża ropy naftowej odkrytego u wybrzeży Gazy w 2000 roku przez British Gas.

Szacuje się, że znajdują się tam rezerwy gazu o wartości czterech miliardów dolarów, które mogłyby uratować jej gospodarkę.

Żeby rozwiać resztki złudzeń, zanim jeszcze wojna 2014 roku dobiegła końca, izraelski dziennikarz Gideon Levy pisał, dając wyraz najgłębszemu pesymizmowi:

Nadal nie doszliśmy do porozumienia, bo należy ono już do przeszłości. O co wołały masy w największym proteście tej wojny? Otóż o spokój na południu. Spokój. Po prostu. Czy można być za spokojem albo przeciwko niemu? To chyba najbardziej aroganckie i odrażające żądanie Izraelczyków. Chcą spokoju i niech szlag trafi otaczającą ich wrzawę i jej przyczyny. Niech Gaza się udusi, tak samo Zachodni Brzeg[23].

Blokada Strefy Gazy nie została zniesiona. Mało kto wie, że Gaza była kiedyś radosnym miejscem ze szczęśliwymi ludźmi o wspaniałym poczuciu humoru, żyjącymi takim samym życiem jak inne narody żeglarzy. Ale to było wiele dekad temu. Już przed wojną 2014 roku Gaza miała wysoki odsetek samobójstw i sporą liczbę osób uzależnionych od narkotyków.

To sytuacja bez precedensu, aby całe społeczeństwo tak długo tkwiło w oblężeniu, bezterminowym oblężeniu, którego końca nie widać. Po wojnie 2014 roku dały się słyszeć głosy: „Życie w Gazie zawsze było trawione wojną. Nie pamiętam, żeby kiedykolwiek było inaczej". Młodsze pokolenie nie pamięta już, że kiedyś w Strefie toczyło się inne życie. W wywiadzie dla BFM TV po atakach we Francji w styczniu 2015 roku, w których zabito siedemnaście osób, były francuski premier Dominique de Villepin, który w 2003 roku stał na czele protestu przeciw kierowanej przez Amerykanów inwazji na Irak, określił Państwo Islamskie jako „potworkowate dziecko" zachodniej polityki. Na łamach „Le Monde" pisał zaś, że wojny toczone przez Zachód w świecie muzułmańskim „karmią terroryzm wśród nas obietnicami zwalczania go". Jego analiza była przenikliwa, podobnie jak ostrzeżenie przed upraszczaniem konfliktów na Bliskim Wschodzie i „dostrzeganiem jedynie ich islamistycznych symptomów".

W czasie trwającej właśnie wojny w Gazie przypomniałem sobie te słowa i to, jak dobrze pasują do krótkowzroczności Izraela. Konsekwencje nie ograniczają się do Bliskiego Wschodu. Skutki izraelskich działań przeciwko Palestyńczykom i braku poszanowania dla prawa międzynarodowego wykraczają daleko poza ten region. W „London Review of Books" John Lanchester przypomniał teorię okna Overtona – „pojęcia z dziedziny nauk politycznych określającego zakres akceptowalnej myśli politycznej w danej kulturze w określonym momencie":

Było to dzieło Josepha Overtona, członka think tanku z Michigan (…). Jego najważniejsza teza,

stanowiąca zarazem owoc i oś pracy prawicowych ekspertów, zakłada, że zakres tego, co jest
dla społeczeństwa do przyjęcia, może się zmie-
niać. Myśl, która wykiełkowała poza politycznym
mainstreamem – podatek liniowy, likwidacja fisku-
sa, więcej broni na terenie szkół, budowa piękne-
go muru i zmuszenie Meksyku, by sam za niego
zapłacił – gdy zostanie wyrażona i poparta argu-
mentami, jeszcze raz ubrana w słowa i przeformu-
łowana, stopniowo staje się do pomyślenia. Prze-
suwa się z obrzeży prawicowych grup eksperckich
na dziennikarzy poputczików; potem wkracza na
obrzeża postulatów wyborczych; następnie staje się czymś, co ludzie zaczynają brać serio jako
możliwą politykę. Okno się uchyla, a bestie pełz-
ną przez nie, by się narodzić[24].

Jeszcze przed zakończeniem wojny 2014 roku byli
tacy, którzy zapewniali izraelską opinię publiczną,
że to nie ostatnia wojna, lecz tylko zwiastun kolejnej, jeszcze bardziej niszczycielskiej. Izraelski histo-
ryk Benny Morris pisał:

Co powinniśmy zrobić następnym razem? Odpowiedź jest jasna i wszystkim znana. Potrzeba tylko odwagi, żeby wejść na tę ścieżkę, i determina-
cji, by doprowadzić rzecz do końca. Nie będzie
to łatwe ani szybkie. Mówimy tutaj o ponownym
zajęciu całej Strefy Gazy i zniszczeniu Hamasu
jako organizacji militarnej, a może i politycznej.

Konieczne będą do tego miesiące działań bojowych, w trakcie których Strefa będzie czyszczona, dzielnica po dzielnicy, z agentów i uzbrojenia Hamasu oraz Islamskiego Dżihadu. Zarówno wielu żołnierzy Sił Obronnych Izraela, jak i palestyńskich cywilów przypłaci to życiem. Lecz tak wysokiej ceny wymaga się od narodu takiego jak nasz, który pragnie żyć na własnej ziemi w takim, a nie innym sąsiedztwie (...)[25].

W mniemaniu Netanjahu istniało tylko jedno rozwiązanie konfliktu z Palestyńczykami, ale nie było nim zawarcie pokoju. Dla uniknięcia negocjacji z Palestyńczykami i podtrzymania podziałów między nimi jego rząd prowadził politykę „zarządzania okupacją" i dokładał starań, aby Zachodni Brzeg i Strefa Gazy, które w myśl porozumień z Oslo miały stanowić jedną całość, pozostawały rozdzielone. To dostarczało izraelskiemu rządowi wymówki: nie negocjujemy z Palestyńczykami, bo brak im zjednoczonego przywództwa. Mając na uwadze obydwa wymienione cele, w 2018 roku Netanjahu pozwolił Katarowi przekazywać każdego miesiąca do Strefy Gazy po 15 milionów dolarów w walizkach wypełnionych gotówką. Hamas wykorzystał część tych pieniędzy na przygotowanie się do wojny z Izraelem i budowę sieci tuneli, które rozprzestrzeniły się po całej Strefie.

W lutym 2016 roku, podczas wizyty na jednym z placów budowy, Netanjahu powiedział:

Na koniec państwo Izrael, tak jak ja to widzę, będzie całe opasane ogrodzeniem. Będą mnie pytali: „Tego właśnie chcesz – chronić willę?"*. Odpowiedź brzmi: tak. Chcemy otoczyć całe państwo Izrael ogrodzeniami i barierami? Owszem. Tu, gdzie mieszkamy, musimy się bronić przed dzikimi zwierzętami.

Mówiąc „państwo Izrael", Netanjahu miał na myśli cały Wielki Izrael, włącznie z okupowanym Zachodnim Brzegiem i Strefą Gazy. Mimo to Izrael wzniósł długą na 65 kilometrów barierę, kosztem 1,11 miliarda dolarów, rozciągającą się na całą granicę między Izraelem a Strefą Gazy. Bezużyteczność zapór i ogrodzeń objawiła się z całą mocą 7 października 2023 roku, kiedy Hamas przedarł się przez mur – okazał się on niewystarczający, aby powstrzymać „dzikie zwierzęta" przed atakiem. Ten przekaz nie został jednak wysłuchany.

Tamto wydarzenie wstrząsnęło izraelskimi Żydami i doprowadziło do aktualnej wojny w Gazie, której podwójnym celem, według Izraela, ma być całkowite zwycięstwo nad Hamasem oraz uwolnienie 250 izraelskich zakładników przetrzymywanych przez tę organizację.

Przed obecną wojną w Gazie izraelskie społeczeństwo było skłócone jak nigdy przedtem. Od dziesięciu

---

* Aluzja do przypisywanych Ehudowi Barakowi słów o tym, jakoby Izrael był „willą w dżungli" (przyp. tłum.).

miesięcy trwał impas między nowym, bezkompromisowym rządem Izraela a dużym ruchem protestacyjnym przeciwko rządowym „reformom wymiaru sprawiedliwości", które miały dać politykom znacznie większą kontrolę nad sądownictwem, w szczególności Sądem Najwyższym. Przed nadciągającą wojną domową ostrzegał izraelski prezydent Izaak Herzog. Piętnastego marca 2023 roku wyjawił w telewizyjnym orędziu do narodu: „Od kilku tygodni trwamy w rozdarciu. Izrael pogrążony jest w głębokim kryzysie. Ten, komu się zdaje, że prawdziwa wojna domowa, wojna o ludzkie życie, to granica, której nie przekroczymy, nie ma o niczym pojęcia. Otchłań jest na wyciągnięcie ręki"[26].

Gdy tylko wybuchła wojna w Gazie, naród izraelski momentalnie się zjednoczył. Wojna scementowała izraelskie społeczeństwo, a cywilom w Gazie przyniosła katastrofę. Podobnie jak w przypadku reżimu apartheidu w RPA, który w ostatnich latach swojego istnienia stał się jeszcze bardziej zajadły, dziś działania izraelskich rządu, wojska i osadników cechuje nasilenie przemocy przede wszystkim w Strefie Gazy, lecz także w odniesieniu do cywilnej ludności na Zachodnim Brzegu.

Część druga
Wojna w Gazie, 2023–2024

Pokazałem, dlaczego upadek apartheidu w Południowej Afryce nie zmotywował Izraela do położenia kresu podobnej polityce, którą ten prowadzi wobec Palestyńskich Terytoriów Okupowanych. Zadałem też pytanie, dlaczego świat nie wywarł na Izraelu presji kontynuowania procesu pokojowego. Teraz chciałbym zapytać, jaką rolę – jeśli w ogóle – odgrywa wojna w Gazie w tworzeniu warunków do zmiany globalnej.

Wydarzenia z 7 października, które doprowadziły do wojny, nie były dla mnie zaskoczeniem. Oblężenie Strefy Gazy z zamieszkałymi tam dwoma milionami Palestyńczyków wydawało się nie mieć końca. Przebywający w izraelskich więzieniach Palestyńczycy – 4 499 osób – musieli zmierzyć się z jeszcze większym ograniczeniem ich nielicznych, z trudem wywalczonych praw, kiedy prawicowy polityk Itamar Ben-Gewir przejął tekę ministra bezpieczeństwa wewnętrznego. Na domiar złego Izrael bezkarnie naruszał uzgodniony status meczetu Al-Aksa w Jerozolimie, trzeciego najświętszego miejsca islamu. Fanatyczni Izraelczycy z ugrupowania Wierni Wzgórza Świątynnego podejmowali uporczywe próby odprawiania tam swoich rytuałów, znów przy poparciu Ben-Gewira. Zdawało się, że nie pozostawiono Palestyńczykom już żadnej świętości. A Izrael wyraźnie nie zamierzał znieść blokady Strefy Gazy. Jego rząd dawał do zrozumienia, że uważa całą geograficzną Palestynę za swoją własność. Już nie składał Palestyńczykom obietnic rozstrzygnięcia konfliktu w przyszłości.

Izraelczycy powinni byli wiedzieć, że gdy zgaśnie się w ludziach nadzieję, wybuchnie przemoc. Mimo to izraelski rząd zignorował możliwość reakcji i skierował swoją armię stacjonującą na południu (czyli na granicy z Gazą – przyp. red.) na Zachodni Brzeg, żeby ochraniała osadników, gdy ci świętowali Sukkot i siali spustoszenie w palestyńskich wioskach. Przeczuwałem, że wzrost napięć w końcu doprowadzi do większego konfliktu. Nie sądziłem jednak, że przyjmie on inną postać niż dwie poprzednie wojny. Jakże się myliłem!

Powinienem był się domyślić, co się święci, z wypowiedzi członków rządu na początku wojny, gdy zapowiadali, że nałożą na enklawę „całkowitą" blokadę. „Nie będzie prądu, żywności, paliwa, odetniemy wszystko" – zapowiadał minister obrony Jo'aw Galant. Krótko po ataku Hamasu premier Netanjahu ogłosił, że unicestwi tę organizację, a „Gaza stanie się bezludną wyspą. Będziemy brali na cel każdy kąt Strefy". Jeszcze wtedy myślałem, że przywódcy polityczni pozwalają sobie na takie popisy retoryczne w ramach zwykłej propagandy wojennej, żeby osłabić wroga psychologicznie. Jednak z upływem kolejnych dni wojny docierało do mnie, że nie rzucają słów na wiatr i mają w poważaniu los cywilów, w tym dzieci. Dla nich, jak i dla większości Izraelczyków, wszyscy mieszkańcy Strefy Gazy są winni.

Ta wojna różni się od wszystkich dotychczasowych, które Izrael toczył z Hamasem w Gazie czy z Palestyńczykami na Zachodnim Brzegu. W wyborach powszechnych na Zachodnim Brzegu i w Strefie Gazy w 2006 roku Hamas został wybrany do palestyńskiego parlamentu ustanowionego na mocy porozumień z Oslo. Do czerwca 2007 roku jego bojownicy przejęli kontrolę nad Strefą Gazy i zabili swoich wysoko postawionych rywali z Fatahu. Palestyńskie terytorium zostało podzielone. Izrael zapewnia, że chce zniszczyć tylko Hamas. Nie wierzę w to. Hamas od dawna zajmuje centralne miejsce w izraelskiej polityce. Kiedy Netanjahu objął urząd po raz drugi w 2009 roku, zaczął wzmacniać Hamas kosztem Autonomii Palestyńskiej, pozwalając Katarowi na transfer prawie miliarda dolarów do Gazy. Podtrzymując ten podział i nie dopuszczając do utworzenia państwa palestyńskiego, izraelski rząd może głosić, że Palestyńczycy nie mają zjednoczonego przywództwa, z którym można by zasiąść do rozmów.

Jak przekonuje Tareq Baconi, nazywanie Hamasu organizacją terrorystyczną to „potężna broń retoryczna służąca kwestionowaniu wszelkiej wiarygodności, jaką organizacja (…) mogłaby mieć". Ponadto, przyczepiając jej taką łatkę i naciskając na Stany Zjednoczone, aby zrobiły to samo, Izrael uniemożliwia Hamasowi jakikolwiek udział w polityce światowej. Baconi pisze dalej: „Rząd Hamasu stał się organem odpowiedzialnym za administrowanie cywilnymi i socjalnymi sprawami Palestyńczyków zamieszkałych w obrębie Strefy Gazy. Rząd Hamasu okazał się więc *de facto* zarządem administracyjnym działającym pod kierunkiem ruchu, który nie angażował się w bieżące sprawy związane z rządzeniem"[1].

Atak Hamasu przeprowadzony 7 października został dobrze zaplanowany, a jego sukces można porównać jedynie z powodzeniem egipskiego ataku z zaskoczenia, który zapoczątkował wojnę październikową 1973 roku. Bojownicy Hamasu nie tylko sforsowali barierę, lecz także zabili około 1200 żołnierzy i cywilów, a mniej więcej 250 osób wzięli jako zakładników, znacząco komplikując Izraelowi przebieg wynikłej z tego wojny. Brutalność ataku Hamasu oraz bilans ofiar wśród cywilów niewątpliwie położyły się cieniem na wojskowym sukcesie całej akcji. Zgodnie z prawem międzynarodowym ludność okupowana ma wprawdzie prawo stawiać opór, ale nie ma prawa popełniać zbrodni wojennych. Tak czy inaczej, tym razem Palestyńczycy nie wpasowali się w rolę ofiar. Izraelczycy uznali ich za agresorów, którzy podali w wątpliwość samo istnienie ich państwa.

Do tamtego momentu Izraelczykom zdawało się, że obrana przez Netanjahu strategia zarządzania okupacją przynosi efekty. Osiedla na Zachodnim Brzegu wznoszono w najszybszym jak dotąd tempie, a Arabia Saudyjska była bliska normalizacji stosunków z Izraelem w ramach porozumień abrahamowych. W tych bilateralnych porozumieniach zmierzających do normalizacji stosunków dyplomatycznych pośredniczyły Stany Zjednoczone, a podpisały je 15 września 2020 roku Izrael, Zjednoczone Emiraty Arabskie oraz Bahrajn.

Nie licząc rakiet wystrzeliwanych sporadycznie z Gazy, za które Izrael krwawo odpłacał się jej mieszkańcom, Palestyńczycy w Strefie zdawali się skutecznie uwięzieni za supernowoczesną i bardzo drogą barierą. Młodzi Izraelczycy czuli się na tyle bezpiecznie, że urządzili imprezę *rave* przy samej granicy z Gazą. Lecz oto Hamas, przedzierając się na drugą stronę, obnażył słabość i niepewność Izraela. Izraelczycy doznali wstrząsu, ponieważ zdali sobie sprawę, że nie mogą iść przez życie tak jak do tej pory, czyniąc te same założenia dotyczące realiów ich państwa i jego bezpieczeństwa. No, chyba że pokonają agresora. Dlatego większość obywateli opowiedziała się za przywództwem Netanjahu i celem, który wyznaczył sobie w tej wojnie: bezapelacyjnym zwycięstwem nad Hamasem. Uznali, że wszystkie chwyty są dozwolone, żeby go tylko osiągnąć.

Z populacją liczącą 2,1 miliona Palestyńczyków na obszarze o powierzchni 365 kilometrów kwadratowych Gaza jest jednym z najgęściej zaludnionych miejsc na Ziemi. Ponad 70 procent jej mieszkańców to uchodźcy lub potomkowie uchodźców, którzy uciekli, lub zostali wypędzeni, ze wsi na południu obecnego Izraela. Prawie połowa nie ma ukończonych osiemnastu lat. W tej wojnie, do chwili, gdy to piszę, izraelska armia zabiła 30 tysięcy Palestyńczyków, z czego dwie trzecie stanowiły kobiety i dzieci, a raniła 72 158 osób. Wysocy urzędnicy ONZ twierdzą, że wojna zmusiła około 80 procent Palestyńczyków w Gazie do opuszczenia swoich domów.

Według stanu z 20 lutego 2024 roku podanego przez Global Nutrition Cluster (GNC), zespół organizacji pomocowych pod egidą Funduszu Narodów Zjednoczonych na rzecz Dzieci (UNICEF), ponad 90 procent dzieci poniżej piątego roku życia w Gazie spożywa codziennie produkty jedynie z dwóch lub mniej grup pokarmowych, co kwalifikuje się jako ostre niedożywienie. Podobny odsetek najmłodszych dotknięty jest chorobami zakaźnymi, a 70 procent z nich miało w ciągu ostatnich dwóch tygodni biegunkę. Są to realia śmierci głodowej.

Zniszczeniu uległo około 70 procent obiektów oraz infrastruktury cywilnej Strefy Gazy. Ta wojna jest zdecydowanie najbardziej niszczycielską spośród tych, które Izrael toczył kiedykolwiek z Gazą.

Dwudziestego lutego 2024 roku szef sztabu SOI Herci Halewi pouczał swoich oficerów: „W przeciwieństwie do naszego wroga my zachowujemy człowieczeństwo. Musimy uważać, żeby nie używać siły tam, gdzie nie jest to konieczne, rozróżniać terrorystę i nieterrorystę (…), nie wpadamy w szał zabijania, zemsty, ludobójstwa (…)".

Zniszczenia wykraczają poza zadawanie śmierci lub ran. Według raportu prasowego z 2 lutego 2024 roku od 7 października 2023 roku UNESCO potwierdziło zniszczenie lub uszkodzenie dwudziestu dwóch miejsc. Są to: dawny port Anthedon, meczet Ibn Usmana, Centrum Kultury im. Raszada asz-Szawwy, Wielki Meczet Omara, kopuła i Centrum Rękopisów Dar As-Sa'ada, Pałac Paszy, meczet Az-Zofor Domri, pałac As-Sakka, dom Subat Al-Alami, suk Al-Kajsarijja, cmentarz wojenny Wspólnoty Narodów w Gazie, hammam As-Samra, dom Chadera Taraziego, hotel Al-Mathaf (z jego niewielkim muzeum), magazyn ruchomych dóbr kultury Ministerstwa Turystyki i Dziedzictwa Starożytności w Szajch Radwan, cmentarz z czasów rzymskich, dom rodziny Ghussejn, prawosławny kościół Świętego Porfiriusza, sabil Ar-Rifa'ijja (fontanna Ar-Rifa'ijja) oraz dom Hathat w mieście Gaza, jak również dwa miejsca poza miastem – Stary Meczet Omara w Dżabaliji (w muhafazie Gaza Północna) oraz stanowisko archeologiczne Tell Rafah w muhafazie Rafah, tuż przy granicy z Egiptem[2].

Komentując zasięg zniszczeń, Raphael Greenberg i Alon Arad pisali:

Niszczenie tych miejsc jest częścią batalii o pamięć i percepcję. My, Izraelczycy, zdajemy się wierzyć, że ziemia należy do tego, kto kontroluje jej przeszłość; jeśli odmówimy Palestyńczykom prawa do ich pamięci o przeszłości, to będziemy też mogli zanegować ich przywiązanie do ziemi, a tym samym otworzyć sobie drogę do ich wypędzenia. Nie jest to nowa myśl[3].

Izrael wysadził też w powietrze ostatni zachowany uniwersytet w Gazie, Al-Isra, a w ciągu ostatnich czterech miesięcy dwanaście tamtejszych uczelni było bombardowanych i zostało w przeważającej części zniszczonych; ponadto zabito część kadry naukowej, w tym rektora Uniwersytetu Islamskiego. Giną także poeci, pisarze, artyści. Nikt nie jest bezpieczny.

Izraelska armia nie tylko niszczyła palestyńskie domy, lecz także je szabrowała. Jak pisze politolog Yagil Levy:

Szaber to symbol zemsty w ogóle. Nieprzypadkowo towarzyszy mu niszczenie nieruchomości, w kilku przypadkach łącznie z niepotrzebnym paleniem domów. Szabry są wyrazem negowania człowieczeństwa ludności wroga sprawiającym, że plądrowanie rzeczy osobistych, nawet tych najbardziej intymnych, i wybieranie, co chcesz zabrać, staje się możliwe do zaakceptowania[4].

Wojna z Gazą przywodziła na myśl wojnę 1948 roku, gdy notorycznie dochodziło do plądrowania domów wypędzonych Palestyńczyków. Wtedy izraelskie ataki miały na celu unicestwienie narodu palestyńskiego i wygnanie go z Palestyny, zatarcie wszelkich śladów jego dawnych miejscowości. Gdy wojna w Gazie trwała, a izraelska armia metodycznie niszczyła kolejne części tego obszaru, pomyślałem sobie, że oto wracamy do punktu zero – kategorycznej odmowy uznania przez Izrael istnienia Palestyńczyków jako narodu. Z powodu strasznych postępków części członków Hamasu cały palestyński naród został potępiony i w oczach większości Izraelczyków stracił rację bytu.

Kiedy spotkałem się z izraelskim znajomym, żeby wypytać go, jak postrzega niewybaczalne zachowanie armii swojego „narodu pod bronią", odkryłem, że nie możemy się porozumieć. Za każdym razem, kiedy wymieniałem jakąś potworność, której dopuściła się izraelska armia na palestyńskich cywilach w Gazie, on wracał do zbrodni popełnionej przez Hamas 7 października. Zapewnił mnie też, smutnym tonem, że Izraelczycy cierpią z powodu traumy i są w żałobie. Zupełnie nie widział tego, że swoim postępowaniem armia Izraela przysparza rekrutów Hamasowi. Pomyślałem znów o polityce siania terroru, jaką armia Izraela stosuje w Hebronie w ramach odstraszania Palestyńczyków i trzymania ich pod kluczem. Wróciły do mnie słowa stacjonującego tam dowódcy: „Jeśli cały czas będziemy robić naloty na ich domy (…), a oni cały czas będą się bać, nigdy nas nie zaatakują (…)". Czyżby na tym polegał cel SOI w Gazie?

Czy to możliwe, że skądinąd rozsądni, dobrzy ludzie w Izraelu tak ochoczo akceptują potworności popełniane przez swoją armię w Gazie między innymi dlatego, że nie widzą, co się tam dzieje?

Uri Awneri zwrócił uwagę, że w 2014 roku rozgrywały się jakby dwie wojny – ta prawdziwa i ta, którą Izraelczycy oglądali na ekranach telewizorów. Zjawisko to się utrzymuje, ale tym razem, w wojnie w latach 2023–2024, rozziew między faktem a fikcją jest jeszcze większy. Wojna jest starannie dokumentowana na bieżąco, choćby przez Al-Dżazirę. Ale obrazów zniszczeń i mordów nie pokazuje się w izraelskiej telewizji. Nawet jeśli izraelscy telewidzowie mają alternatywy – mogą na przykład włączyć Al-Dżazirę albo chociaż CNN – większość woli tego nie robić, woli pozostawać błogo nieświadoma cierpień zadawanych palestyńskim sąsiadom przez swoją armię*.

Część uczestniczących w wojnie żołnierzy, którzy wiedzą, jakie powodują zniszczenia, nie tylko nie współczuje, ale wręcz jest dumna ze swoich osiągnięć. A przywódcy ruchu osadniczego, choć wojna się jeszcze nie skończyła, już szykują powrót osiedli do Gazy. Tymczasem nawoływania do czystki etnicznej Palestyńczyków w Gazie i na Zachodnim Brzegu nie cichną.

Strofując kolegów po fachu, dziennikarz Gideon Levy napisał: „Większość izraelskich mediów zdradziła swoją misję i profesjonalizm dla zaprzeczania prawdzie i tuszowania jej oraz zaciągnęła się do pracy w służbie propagandy"[5].

* Na początku maja 2024 roku rząd Izraela zdecydował o zamknięciu „na czas trwania wojny w Strefie Gazy" izraelskich biur Al-Dżaziry i wyłączył sygnał tej stacji telewizyjnej na terenie kraju, uznając ją za zagrożenie dla „bezpieczeństwa narodowego".

Izrael nie wpuszcza do Gazy dziennikarzy, z wyjątkiem kilku starannie kontrolowanych, wyreżyserowanych wizyt. Władze nie chcą, żeby widzieli, co się tam dzieje. Do chwili, gdy to piszę, zabito w Gazie dziewięćdziesięciu pięciu palestyńskich dziennikarzy i pracowników mediów.

Wojna stała się przykrywką dla dramatycznego wzmożenia przemocy na Zachodnim Brzegu i we Wschodniej Jerozolimie. Między 7 października 2023 a 3 stycznia 2024 roku zabito na Zachodnim Brzegu oraz we Wschodniej Jerozolimie 313 Palestyńczyków, w tym osiemdziesięcioro dzieci. Według dziennika „Haaretz" nowy protokół aresztowania osób poszukiwanych zakłada okrążenie domu, wezwanie podejrzanego do opuszczenia budynku, a gdy ten nie wyjdzie, wystrzelenie w dom pocisku przeciwpancernego.

Gdy ogrom śmierci i zniszczeń powodowanych w Gazie zaczął wychodzić na jaw, zastanawiałem się, gdzie są ci Izraelczycy, którzy wylegli na ulice po masakrach w obozach Sabra i Szatila w Libanie w 1982 roku. Gdzie głosy rozsądku i współczucia? Nikt nawet nie chlipnął. Gdy zapytałem izraelskiego znajomego, czemu tak się dzieje, odparł ze smutkiem: „Wtedy Izrael był innym krajem".

Powinienem to wiedzieć, zwłaszcza po lekturze najnowszego raportu Uniwersytetu Telawiwskiego. Według sondażu w ramach badania „współczynnika pokoju" 94 procent Żydów, a także 82 procent ogółu ludności Izraela uważa, że Siły Obronne Izraela używają odpowiedniej (bądź zbyt małej) siły ognia w Gazie. Trzy czwarte wszystkich Izraelczyków jest zdania, że liczba Palestyńczyków, którzy doznali uszczerbku w toku działań wojennych, jest usprawiedliwiona z uwagi na cele; pełne dwie trzecie żydowskich respondentów twierdzi, że ofiary w ludziach są zdecydowanie uzasadnione, a tylko 21 procent, że „poniekąd"[6]. Jednak inny sondaż pokazuje, że w okresie od września do grudnia 2023 roku odsetek osób, których stosunek do Izraela jest pozytywny, spadł średnio o 18,5 procent w czterdziestu dwóch z czterdziestu trzech badanych krajów świata[7].

Jak więc realia tego „innego kraju", jakim stał się Izrael, odbiją się na samych Izraelczykach oraz ich reputacji na świecie i co będą oznaczały dla nas wszystkich, Palestyńczyków i Izraelczyków, żyjących z konieczności tak blisko siebie? Bo na tym skrawku ziemi między rzeką Jordan a Morzem Śródziemnym żyje 9,7 miliona Izraelczyków, z których 2 miliony to obywatele arabscy, a także 2,1 miliona Palestyńczyków w Strefie Gazy i 3,2 miliona na Zachodnim Brzegu.

W czerwcu 1967 roku Izrael zaanektował Wschodnią Jerozolimę. Formalnie nie uczynił tego z resztą Zachodniego Brzegu, niemniej aneksjonistyczna terminologia już wchodziła tylnymi drzwiami. Kiedy rozpoczęła się okupacja, pierwsze rozkazy wojskowe wydane przez Izrael określały terytorium przejęte od Jordanii jako „Zachodni Brzeg". Niedługo potem zaczęto w odniesieniu do tego obszaru stosować biblijne

nazwy „Judea i Samaria". Z czasem Izraelczycy przy-
wykli do używania słowa *mitjaszwim* („mieszkańcy")
zamiast *mitnachlim* („osadnicy") na określenie osadników na Zachodnim Brzegu. Granica między Izraelem a terenami okupowanymi się rozmyła.

Reszta świata, w tym Zachód i państwa arabskie, dalej składała gołosłowne deklaracje poparcia
dla sloganu o rozwiązaniu dwupaństwowym, tole-
rując jednocześnie izraelskie plany zakładania nowych osiedli i rozbudowy istniejących tam, gdzie
miało powstać państwo palestyńskie, i to nawet po
tym, jak w 1988 roku OWP zadeklarowała uznanie
Izraela. Wszystko wskazywało na to, że kraje te były
gotowe formalnie podtrzymywać taką możliwość –
ale tylko formalnie – nie robiąc nic, aby ją urzeczy-
wistnić.

Wojna w Gazie stała się też parawanem dla rozbudowy nowych osiedli na Zachodnim Brzegu i konfi-
skaty kolejnych palestyńskich gruntów. Biuro Narodów Zjednoczonych do spraw Koordynacji Pomocy
Humanitarnej (OCHA) szacuje, że „całkowita liczba
1105 osób z dwudziestu ośmiu społeczności – około
12 procent społeczności pasterskich – została wysied-
lona z miejsc zamieszkania od 2022 roku". Częstsze
stały się także incydenty wymierzonej w Palestyńczyków przemocy ze strony żydowskich osadników,
których wspiera izraelskie wojsko, podczas gdy Izrael kontynuuje proceder wyburzania domów. W ciągu
półtora miesiąca od wybuchu wojny w Gazie izraelska organizacja Jesz Din odnotowała 225 izraelskich

aktów przemocy w 93 palestyńskich społecznościach na Zachodnim Brzegu, w tym zabicie przez osadników, przy użyciu ostrej amunicji, dziewięciu Palestyńczyków. Wszystko pod okiem Stanów Zjednoczonych, które nie zastosowały nawet sankcji.

Co takiego uległo zmianie od początku wojny?

Po wyburzeniu tysięcy domów 14 lutego 2024 roku amerykański Departament Stanu w końcu zareagował, potępiając izraelską decyzję o zburzeniu domu Fachriego Abu Dijaba, lidera lokalnej społeczności w dzielnicy Silwan we Wschodniej Jerozolimie. Rzecznik Matthew Miller powiedział:

Uważamy, że to wyburzenie dotknie nie tylko jego dom, rodzinę oraz życie, które tam zbudowali, lecz także całą społeczność, która żyje w strachu, że domy jej członków będą następne. Dom ten należał do rodziny od pokoleń, część jego konstrukcji datuje się na okres przed 1967 rokiem. Właściciel, lider lokalnej społeczności, często zabiera głos, także w sprawie wyburzeń, zwłaszcza teraz, gdy wysiedlana jest jego rodzina.

Skutki tych działań odczuje na sobie nie tylko ta konkretna rodzina. Stanowią one przeszkodę dla dążeń do solidnego, trwałego pokoju i bezpieczeństwa, które przysłużyłyby się zarówno Palestyńczykom, jak i Izraelczykom. Nadszarpują pozycję Izraela na świecie i na dłuższą metę utrudniają nam wykonywanie tych wszystkich zabiegów, które czynimy w interesie narodu izraelskiego.

Dlatego potępiamy te działania i będziemy naciskać na ich zaprzestanie.

Mimo to Izrael dokonał wyburzenia.

Nie ulega wątpliwości, że dopóki naciski Stanów Zjednoczonych ograniczają się do apeli, czy też błagań, a nie obejmują wstrzymania dostaw broni, której Izrael używa do prowadzenia wojny, mają nikłe szanse, żeby odnieść skutek.

Podczas wojny, gdy słyszało się coraz więcej o planach zgotowania Palestyńczykom drugiej Nakby i wypędzenia ich z Gazy, Stany Zjednoczone dały do zrozumienia, że nie zgodzą się na pomniejszenie obszaru Strefy. Ale Izrael jak gdyby nigdy nic wciela w życie plan utworzenia strefy buforowej wzdłuż szerokiego na kilometr pasa na granicy ze Strefą Gazy.

Po niemiłosiernie długim czasie doczekaliśmy się jakiejś reakcji Stanów Zjednoczonych na przemoc osadniczą na Zachodnim Brzegu. W dekrecie prezydenckim wydanym 1 lutego 2024 roku Joe Biden stwierdził, że sytuacja na Zachodnim Brzegu – przede wszystkim natężenie przemocy ze strony ekstremistycznych osadników, przesiedlanie ludzi i całych wsi, a także niszczenie nieruchomości – stała się „nie do przyjęcia i stanowi poważną groźbę dla pokoju, bezpieczeństwa i stabilności w regionie"[8].

Po dekadach tolerowania budowy przez Izrael kolejnych osiedli za amerykańskie pieniądze zamiast przeciwdziałania temu kolonialnemu przedsięwzięciu, uznawanemu za główną przeszkodę dla pokoju,

Stany Zjednoczone nałożyły restrykcje indywidualne na kilku poszczególnych osadników. Podobnie uczyniły Francja, Wielka Brytania i Kanada.

Ale karanie jednostek i przymykanie oczu na fakt, że nie działają one same, a z pomocą i przy wsparciu izraelskich państwa i armii, ma w sobie coś z uniku. Ani Stany, ani żadne inne kraje nie podjęły kroków zmierzających do obłożenia sankcjami państwa, które nadal bezkarnie buduje i rozbudowuje kolejne osiedla.

Unia Europejska dopiero niedawno zaczęła na poważnie debatować o egzekwowaniu prawa międzynarodowego w odniesieniu do naruszeń praw człowieka przez Izrael. Irlandzki premier Leo Varadkar i jego hiszpański odpowiednik Pedro Sánchez zaapelowali do przewodniczącej Komisji Europejskiej Ursuli von der Leyen o przeprowadzenie „pilnej weryfikacji" tego, jak Izrael wywiązuje się ze swoich obowiązków ochrony praw człowieka w kontekście umowy handlowej z Unią Europejską[9].

Przebłyskiem nadziei w wojnie w Gazie była tymczasowa decyzja Międzynarodowego Trybunału Sprawiedliwości z 26 stycznia 2024 roku, gdy sporą większością głosów nakazał on Izraelowi powstrzymać się od wszelkich działań mogących naruszać konwencję o ludobójstwie i dopilnować, aby jego wojska nie popełniały w Gazie żadnych czynów o znamionach ludobójstwa. Polecił też poprawić sytuację humanitarną. Mimo że Izrael najwyraźniej jej nie zauważył, decyzja ta jest swoistym triumfem postanowień prawa międzynarodowego i może mieć długofalowe konsekwencje dla kontroli Izraela nad Palestyńczykami.

W lipcu 2004 roku na posiedzeniu Międzynarodowego Trybunału Sprawiedliwości w Hadze, w którym brałem udział, sąd orzekł, że izraelski mur separacyjny na Zachodnim Brzegu łamie prawo międzynarodowe, i nakazał jego rozbiórkę. To, że stoi on po dziś dzień, nie pozwala nam robić sobie nadziei na zbyt szybkie wdrożenie postanowienia z 26 stycznia.

W roku 2022 napłynął ze Zgromadzenia Ogólnego ONZ kolejny, po tym z 2004, wniosek o doradczą, niewiążącą opinię na temat okupacji. Sędziowie otrzymali prośbę o ocenę sytuacji wynikłej z izraelskich „okupacji, osadnictwa i aneksji (…), w tym środków mających na celu zmianę profilu demograficznego, charakteru i statusu Świętego Miasta Jerozolima, a także z przyjęcia odnośnego dyskryminującego ustawodawstwa i posunięć". W trakcie trwających sześć dni bezprecedensowych obrad rozpoczętych 19 lutego 2024 roku po wystąpieniu zespołu reprezentującego Palestynę głos zabrali przedstawiciele pięćdziesięciu jeden państw oraz trzech organizacji międzynarodowych. Wydanie orzeczenia zajmie sędziom wiele miesięcy.

Na miejscu, w Palestynie, jedną z głównych przeszkód dla pokoju, której społeczność międzynarodowa przeciwstawiała się dotąd tylko werbalnie, są osiedla izraelskie i ich nieskrępowany rozwój. Ostatnia amerykańska próba powściągnięcia strategii rozbudowy osiedli na Palestyńskich Terytoriach Okupowanych miała miejsce w 1991 roku, kiedy prezydent

George Bush senior uzależnił wysokość pomocy udzielanej Izraelowi od jego dalszych działań wobec osiedli, pomniejszając gwarancje pożyczek o koszty ich budowy. Po dekadach wcielania w życie projektu osadniczego na Zachodnim Brzegu Izrael zostawił Palestyńczykom bardzo mało miejsca na własne państwo.

Dwudziestego trzeciego lutego 2024 roku Antony Blinken, amerykański sekretarz stanu, potwierdził: „Amerykańska administracja, zarówno republikańska, jak i demokratyczna, od dawna stoi na stanowisku, że nowe osiedla nie sprzyjają dążeniom do trwałego pokoju, a wręcz przeciwnie. Są także niezgodne z prawem międzynarodowym". Podważył to, co zasłynęło jako doktryna Pompeo, która głosiła, że izraelskie osiedla „nie są *per se* sprzeczne z prawem międzynarodowym". Doktryna owa zastąpiła opinię wydaną w 1978 roku przez doradcę prawnego Departamentu Stanu Herberta Hansella, który uznał izraelskie osiedla pobudowane za linią zawieszenia broni z 1949 roku za nielegalne.

W kontrze do wyrażanego przez prezydenta Bidena poparcia dla utworzenia państwa palestyńskiego Benjamin Netanjahu zapowiedział 19 lutego: „W każdym scenariuszu – z układem czy bez – zachowamy pełną kontrolę bezpieczeństwa na zachód od Jordanu".

W oświadczeniu skierowanym do izraelskiej opinii publicznej Netanjahu podkreślił, że to on właśnie od lat nie dopuszcza do ustanowienia państwa palestyńskiego. Następnie wezwał rząd do poparcia rezolucji stwierdzającej, że Izrael będzie przeciwdziałał wszelkim próbom jednostronnego narzucenia mu palestyńskiego państwa.

Osiedla, w dalszym ciągu uznawane za nielegalne w świetle IV konwencji genewskiej z 1949 roku, powstały jednak metodą „tworzenia faktów dokonanych", a Izrael musiałby zapłacić wysoką cenę za ich likwidację. Czy obecnie ukonstytuowany rząd zgodziłby się ponieść ten koszt? Czy cały kraj byłby na to gotowy? Czego by było trzeba, żeby skłonić Izrael do podjęcia tego działania?

Dwudziestego pierwszego lutego Kneset zatwierdził decyzję rządu sprzeciwiającą się jakiejkolwiek jednostronnej deklaracji o utworzeniu państwa Palestyna. Wniosek przeszedł większością dziewięćdziesięciu głosów (dziewięćdziesiąt dziewięć za, dziewięć przeciw). A jeśli Izrael nie zaakceptuje suwerennego palestyńskiego państwa i pokojowego współistnienia, jaka jest alternatywa? Stanie się jawnie faszystowskim, rasistowskim krajem wiecznie szukającym pretekstu do wojny. Doświadczenie pokazuje, że każda kolejna wojna będzie jeszcze bardziej mordercza od poprzedniej. Izrael musiałby wojować bez ustanku, a to na dłuższą metę nie ma szans się udać. Naród Izraela tkwiłby w oblężeniu po wieki wieków.

Nie zapominajmy, że zdolność Izraela – nazywanego przez byłą amerykańską sekretarz stanu Madeleine Albright „narodem niezbędnym" – do toczenia nieustannych wojen zależy w ogromnym stopniu od poparcia Stanów Zjednoczonych. W 1997 roku amerykański senator Patrick Leahy doprowadził do uchwalenia prawa zabraniającego Departamentowi Stanu i Departamentowi Obrony udzielania pomocy wojskowej zagranicznym jednostkom sił bezpieczeństwa, które bezkarnie naruszają prawa człowieka. Niedawne śledztwo dziennika „The Guardian", oparte na analizie wewnętrznych dokumentów Departamentu Stanu oraz na wywiadach z osobami mającymi dostęp do poufnych wewnętrznych informacji, ujawniło specjalne mechanizmy stosowane wobec Izraela, aby amerykańskie ustawodawstwo w dziedzinie praw człowieka oraz prawo Leahy'ego nie wchodziły mu w drogę[10]. Ósmego lutego administracja Bidena wydała memorandum w sprawie bezpieczeństwa narodowego zobowiązujące zagraniczne rządy do udzielenia gwarancji, że nie będą łamać praw człowieka z użyciem broni zakupionej od Stanów Zjednoczonych. „The Washington Post" doniósł 6 marca 2024 roku, że Stany Zjednoczone zatwierdziły i zrealizowały po cichu ponad sto osobnych transakcji sprzedaży sprzętu wojskowego Izraelowi od czasu wybuchu wojny w Gazie 7 października, w tym tysięcy precyzyjnych środków rażenia, kierowanych bomb szybujących, bomb penetrujących, broni lekkiej oraz innych śmiercionośnych narzędzi. Wysocy urzędnicy administracji zeznali niedawno przed członkami Kongresu na tajnym briefingu, że transfery broni były dokonywane bez jakiejkolwiek publicznej debaty, ponieważ każdy z nich mieścił się poniżej pułapu cenowego, który zobowiązuje organ wykonawczy do indywidualnego powiadomienia Kongresu. Od początku konfliktu podano do wiadomości publicznej tylko dwa przypadki sprzedaży sprzętu wojskowego Izraelowi: amunicji czołgowej wartej 106 milionów dolarów oraz części potrzebnych do produkcji pocisków kalibru 155 mm o wartości 147,5 miliona dolarów. Transakcje te wzbudziły wątpliwości, ponieważ administracja Bidena zatwierdziła pakiety z pominięciem Kongresu, powołując się na sytuację nadzwyczajną[11].

A gdyby tak, po niszczycielskiej wojnie w Gazie, społeczność międzynarodowa wywarła olbrzymią presję na Stany Zjednoczone, aby zaprzestały osłaniania Izraela przed tym prawodawstwem?

W grudniu 2023 roku Al-Haq, organizacja broniąca praw człowieka w Ramallah, której byłem współzałożycielem w 1979 roku, wraz z Global Legal Action Network (GLAN) z siedzibą w Wielkiej Brytanii zwróciły się do brytyjskiego Ministerstwa Biznesu i Handlu o zawieszenie sprzedaży brytyjskiej broni, która mogłaby zostać użyta w wojnie Izraela z Gazą. Wniosek został odrzucony. Apelacja do Wysokiego Trybunału przyniosła jedynie kolejną odmowę. Organizacja GLAN argumentowała, że decyzja trybunału staje w poprzek umacniającemu się konsensowi międzynarodowemu.

Gdy kończył się piąty miesiąc wojny i słychać było ostrzeżenia o głodzie i śmiertelnych chorobach szerzących się w Gazie, kilka pozytywnych sygnałów obudziło we mnie jakąś nadzieję. Wysoki Komisarz Narodów Zjednoczonych do spraw Praw Człowieka

Volker Türk wezwał 23 lutego 2024 roku do „rozliczenia wszystkich stron za uchybienia, których dopuściły się w ciągu pięćdziesięciu sześciu lat okupacji oraz szesnastu lat blokady Strefy Gazy aż po dziś dzień". Dzień wcześniej niezależni eksperci ONZ wezwali do nałożenia embarga na dostawy broni do Izraela, stwierdzając, że państwa eksporterzy narażają się na naruszenie międzynarodowego prawa humanitarnego, jeśli dostarczana przez nie broń zostanie użyta w wojnie w Gazie.

W Niderlandach sąd apelacyjny nakazał rządowi zawieszenie wszelkich dostaw części do myśliwców F-35 do Izraela, powołując się na naruszenia prawa międzynarodowego i humanitarnego. Włochy i Hiszpania także zablokowały wszelki eksport broni do Izraela, gdy tylko rozpoczęły się ataki w Gazie.

Izolacja Stanów Zjednoczonych była widoczna jak na dłoni także na obradach Międzynarodowego Trybunału Sprawiedliwości w sprawie opinii doradczej na temat okupacji, kiedy USA i garstka innych państw, takich jak Fidżi, były jedynymi, które broniły Izraela.

Czy po zrujnowaniu Gazy Izrael może nadal liczyć na bezwarunkowe poparcie Stanów Zjednoczonych dla wykorzystywania amerykańskiej broni i amunicji do prowadzenia kolejnych wojen?

Stany próbują reanimować Autonomię Palestyńską i przyznać jej udział w administrowaniu Gazą. Jednak Autonomia Palestyńska to twór nieudanych porozumień w Oslo obwarowany bezlikiem ograniczeń. Powrót do tej formy samorządu, która pozwoliła na rozrost osiedli, mija się z celem. Należałoby przeprowadzić wybory, pod auspicjami zreorganizowanej OWP, i powołać nowy organ reprezentujący wszystkie palestyńskie stronnictwa polityczne.

Wśród innych spraw, które pozostały nierozstrzygnięte po porozumieniach w Oslo, jest powrót uchodźców. Izrael uważa, że UNRWA stała się dla uchodźców trybuną do upominania się o prawo powrotu. Sądzi, że jeśli uda mu się rozwiązać tę organizację, problem uchodźców zostanie zapomniany. Ale to złudzenie. Nie będzie trwałego pokoju bez rozstrzygnięcia kwestii uchodźców.

Niezmiernie wysokie koszty ludzkie i materialne wojny w Gazie dowodzą, że tym, czego boi się Izrael ze strony Palestyny, jest samo jej istnienie.

W czasie tej niszczycielskiej wojny nie opuszcza mnie jedna niosąca nadzieję myśl. A gdyby tak skończyła się ona nie zawieszeniem broni albo rozejmem, jak poprzednie wojny z Hamasem, lecz pełnym rozstrzygnięciem stuletniego konfliktu między narodami palestyńskim i izraelskim?

Kilka tygodni po rozpoczęciu okupacji w 1967 roku mój ojciec Aziz Shehadeh zaproponował utworzenie palestyńskiego państwa obok Izraela z granicą przebiegającą wzdłuż linii podziału z 1947 roku oraz ze stolicą w Jerozolimie, jak również negocjacje we wszystkich innych nierozwiązanych kwestiach. Dziś, prawie pięćdziesiąt siedem lat później, bliscy jesteśmy zgody, że jedynie ustanowienie państwa palestyńskiego przyniesie pokój w regionie.

Nie możemy sobie pozwolić na stanie z boku. Mesjanistyczna religijna prawica rzeczywiście dominuje w izraelskiej polityce, a palestyńska scena polityczna jest pokawałkowana i nie ma żadnej spójnej wizji. Prawdopodobieństwo, że zmiana przyjdzie od środka, bez ciśnienia z zewnątrz, jest znikome. Trzeba znaleźć mechanizm, w którym Stany Zjednoczone nie będą jedynym pośrednikiem w negocjacjach, ponieważ nie są stroną neutralną. Od lat bronią Izraela na drodze dyplomatycznej, chronią go przed potępieniem i udzielają mu wsparcia finansowego, które pozwala na kontynuowanie budowy osiedli oraz prowadzenie działań wojennych. Swoją stronniczość ujawniły choćby w trakcie obrad Międzynarodowego Trybunału Sprawiedliwości, gdy ich przedstawiciel zastrzegł: „Trybunał nie powinien orzec, że Izrael jest prawnie zobligowany do natychmiastowego i bezwarunkowego wycofania się z terenów okupowanych". W negocjacjach, obok Stanów Zjednoczonych, muszą pośredniczyć także inne znaczące podmioty, w tym ONZ oraz państwa globalnego Południa, a rozmowy powinny dotyczyć wszelkich nierozstrzygniętych spraw: pełnego uznania państwa palestyńskiego, uchodźców, uwolnienia więźniów, osiedli oraz przyszłych stosunków między Izraelem a Palestyną. Żeby to mogło się dokonać, potrzebna jest cała moc międzynarodowej presji. Oddanie wyłącznego pośrednictwa w negocjacjach w ręce Stanów Zjednoczonych to gwarancja ich fiaska.

Tylko wtedy, gdy zaprowadzimy te zmiany, niepomierne cierpienie mieszkańców Gazy i izraelskich zakładników oraz ich rodzin nie będzie daremne.

Większości Palestyńczyków, którzy nie należą do Hamasu; tym Izraelczykom, którzy mogli jedynie oglądać z niedowierzaniem, jak postępuje ich rząd, a nie byli w stanie zatrzymać tego koszmaru; tym wszystkim z nas, którzy wierzą nad wszelką wątpliwość, że jedyną przyszłością dla obu narodów jest współistnienie – przyszłość może wydawać się ponura. Ale przecież, patrząc na dzieje regionu, można zauważyć, że dopiero po wielkich wstrząsach następują rzeczy napawające nadzieją. Do konferencji pokojowej w Madrycie doszło po jakże trudnych latach pierwszej intifady.

Może jakimś pocieszeniem będą dla nas słowa palestyńskiego poety Refaata Alarira (Rif'ata al-'Ar'ira), zabitego w izraelskim nalocie na Gazę[12]. Przed śmiercią pisał:

Jeżeli muszę umrzeć
ty musisz żyć
żeby o mnie opowiedzieć.
Jeżeli muszę umrzeć
niech to przyniesie nadzieję
niech będzie z tego opowieść.

Ramallah, luty 2024

Aneks

ALA QANDIL

Mapa otwierająca tę książkę przedstawia współczesny Izrael i historyczną Palestynę: obydwie nazwy obejmują ten sam obszar geograficzny rozciągający się od rzeki Jordan do Morza Śródziemnego. Trwający ponad sto lat proces syjonistycznej kolonizacji tych ziem doprowadził do nierozerwalnego splątania tożsamości, historii i geografii współczesnych Palestyńczyków i Izraelczyków. Nie da się stworzyć osobnych map Izraela i Palestyny, bo nawet biała plama w miejscu, gdzie leży izraelskie osiedle czy palestyńska miejscowość, już by zaznaczała ich istnienie.

Na naszej mapie na pierwszy plan wybija się okupowany Zachodni Brzeg pokryty pasiastym deseniem, na którym porozrzucane są plamy w dwóch odcieniach szarości. Stanowi on zaledwie jedną piątą obszaru historycznej Palestyny i jest prawie o połowę mniejszy od najmniejszego w Polsce województwa opolskiego. Pokrywające na mapie Zachodni Brzeg paski i plamy obrazują wprowadzony na mocy porozumień z Oslo w 1993 roku podział administracyjny tego obszaru na trzy strefy: A, B i C.

Często kolorów i deseni na mapach Palestyńskich Terytoriów Okupowanych jest dużo więcej, towarzyszą im też symbole geometryczne: oznaczane są izraelskie osiedla, przyległa do nich infrastruktura, poligony wojskowe, checkpointy, różnego rodzaju blokady dróg, granica, linia muru, drogi tylko dla osadników i oczywiście wspomniane trzy strefy. Te skomplikowane mapy są tworzone i regularnie aktualizowane przez międzynarodowe organizacje humanitarne oraz lokalne palestyńskie i izraelskie organizacje zajmujące się prawami człowieka. Bardziej szczegółowe mapy, przypominające obrazy Jacksona Pollocka (jak określił je jeden z izraelskich działaczy), można znaleźć na stronach internetowych agencji ONZ OCHA[1], izraelskiej organizacji B'tselem[2] i palestyńskiego Applied Research Institute – Jerusalem (ARIJ)[3]. Mapa w tej książce jest o wiele mniej onieśmielająca, ale wciąż trudno sobie wyobrazić, jakie przełożenie na krajobraz mają paski i plamy.

Najprościej te kolory i symbole zrozumieć, gdy zjeździ się Zachodni Brzeg wzdłuż i wszerz palestyńskim transportem publicznym, tak zwanymi serwisami: dziesięcioosobowymi żółtymi busikami typu volkswagen transporter. Nie mają sztywnego rozkładu jazdy, ruszają dopiero, gdy zbierze się odpowiednia liczba pasażerów. Choć punkt startowy i końcowy zazwyczaj jest ten sam, na przykład dworzec autobusowy w Ramallah czy Betlejem, to trasa – już niekoniecznie. Kierowcy busików na bieżąco wymieniają się informacjami dotyczącymi tego, gdzie akurat pojawił się „latający" checkpoint albo gdzie izraelska armia zamknęła drogę. I w miarę możliwości starają się te blokady omijać.

Prawie zawsze trasa wiedzie przez wszystkie trzy strefy. Tylko czasem można trafić na znaki sygnalizujące ich granice. Są to duże czerwone tablice z napisami po hebrajsku, arabsku i angielsku skierowane do Izraelczyków. Jedne informują, że dana droga prowadzi do strefy A, która znajduje się pod całkowitą kontrolą władz Autonomii Palestyńskiej i przebywanie w niej obywateli Izraela jest nielegalne. Strefa A obejmuje zaledwie 18 procent powierzchni Zachodniego Brzegu – są to obszary miejskie. Na naszej mapie strefa A to te najciemniejsze plamy.

Inne czerwone znaki ostrzegają, że droga prowadzi do palestyńskiej miejscowości i wjazd tam może być dla Izraelczyków niebezpieczny. Te ostrzeżenia sygnalizują granicę strefy B, zajmującej 22 procent powierzchni Zachodniego Brzegu. Tu władze palestyńskie odpowiadają za sprawy cywilne, a izraelskie – za sprawy wojskowe.

Zazwyczaj jednak nie ma żadnych oznaczeń granic stref. Można je natomiast ustalić, obserwując pasażerów busików kursujących po Zachodnim Brzegu: gdy serwis wjeżdża do strefy C, wszyscy pasażerowie zapinają pasy, gdy tylko ją opuszcza – natychmiast odpinają. Ten podział administracyjny determinuje tak wiele w życiu Palestynek i Palestyńczyków, że każda osoba, która pomimo wszystkich przeszkód nadal decyduje się na jeżdżenie po Zachodnim Brzegu, świetnie wie, w której strefie się znajduje.

Zapinanie pasów w strefie C wynika z tego, że jest ona pod pełną izraelską kontrolą – cywilną i wojskową. Wszyscy wolą unikać dawania izraelskim mundurowym jakichkolwiek pretekstów do nękania i wystawiania mandatów. Odpinanie pasów jest więc symbolicznym gestem oporu.

Strefa C obejmuje 60 procent powierzchni Zachodniego Brzegu, to w niej leżą izraelskie osiedla i dwie trzecie palestyńskich ziem uprawnych. Na mapie otwierającej książkę jest oznaczona ukośnymi paskami. O ile strefa A i często otaczająca ją strefa B to odseparowane od siebie wyspy, o tyle strefa C zachowuje ciągłość terytorialną.

Zachodni Brzeg ma kształt lustrzanego odbicia dość koślawej litery B. We wcięciu między brzuszkami leży Jerozolima, której wschodnia część, wbrew prawu międzynarodowemu, została anektowana przez Izrael, a potem odcięta murem od sąsiadujących palestyńskich miejscowości. Na północ od niej jest Ramallah, na południe – Betlejem. W linii prostej te dwa miasta dzieli dystans 22 kilometrów; droga, którą sugeruje Google, ma długość 30 kilometrów i samochodem można ją przebyć w 40–50 minut. Google oczywiście nie bierze pod uwagę tego, że wyznaczona przez niego trasa prowadzi przez Jerozolimę, do której większość Palestyńczyków nie może wjechać. Nie liczy też czasu spędzonego na checkpointach. Podaje czas podróży dla Izraelczyków, których żadne restrykcje nie dotyczą.

Palestyńczycy z Zachodniego Brzegu, by dotrzeć z Ramallah do Betlejem, jadą okrężnymi wąskimi, krętymi drogami, omijając od wschodu Jerozolimę i otaczający ją mur. Ta trasa, wiodąca przez wszystkie trzy strefy, momentami bardzo widokowa, zajmuje od dwóch do czterech godzin, w zależności od sytuacji na checkpointach.

Czas podróży wynika też z tego, że Palestyńczykom nie wolno korzystać z niektórych dróg: szerokopasmowych, nowoczesnych tras szybkiego ruchu, które nie tylko łączą ze sobą poszczególne izraelskie osiedla na Zachodnim Brzegu, lecz także zapewniają sprawną komunikację między nielegalnymi osadami a miastami w tak zwanym Izraelu właściwym (to, jak te izraelskie drogi tną i niszczą palestyński krajobraz, Raja Shehadeh opisywał w książce *Palestyńskie wędrówki. Zapiski o znikającym krajobrazie*). Palestyńskie drogi są często bardzo kręte, wąskie, w kiepskim stanie i logika każdych innych realiów nakazywałaby, żeby to na nich zapinać pasy.

„Moje prawo, prawo mojej żony i moich dzieci, by poruszać się swobodnie po Judei i Samarii, jest ważniejsze niż swoboda poruszania się Arabów" – powiedział w sierpniu 2023 roku Itamar Ben-Gewir, izraelski minister bezpieczeństwa wewnętrznego (Shehadeh wspomina o nim między innymi w kontekście zdelegalizowanej za rasizm partii Kach, której głównym celem jest przymusowe wysiedlenie Palestyńczyków z terytoriów okupowanych i ich aneksja).

I choć wtedy słowa Ben-Gewira wywołały oburzenie, izraelska polityka na Zachodnim Brzegu oparta jest na tej samej zasadzie: pojawiają się kolejne przeszkody, punkty kontrolne, zapory z betonu albo ziemi odcinające całe miejscowości od głównych arterii. Na mapie z końca marca 2024 roku, przygotowanej przez izraelską organizację działającą na rzecz praw człowieka B'tselem, praktycznie nie widać linii dróg, tylko przykrywające je różnokolorowe symbole stałych i tymczasowych checkpointów, zapór i bram. W cieniu trwających właśnie szósty miesiąc izraelskich bombardowań Strefy Gazy rząd Benjamina Netanjahu ogłosił wywłaszczenie palestyńskich ziem pod budowę tysięcy nowych domów dla osadników. Planowana budowa osiedli na wschód od Jerozolimy i towarzyszącej im infrastruktury sprawi, że podróż z południowej części Zachodniego Brzegu do północnej będzie dla Palestyńczyków jeszcze bardziej skomplikowana. Za to dla izraelskich osadników dojazd z osiedli do Jerozolimy czy dalej na zachód – jeszcze wygodniejszy.

„Różnice w tym, jak dziś wygląda życie Palestyńczyków i Izraelczyków, są zbyt wielkie, by pozostawały niezauważalne. To, że młody człowiek, szesnastoletni Palestyńczyk, może zostać zabity, bo izraelskiemu żołnierzowi się nudzi, przekłada się na szerszy kontekst. Nadejdzie czas, gdy dojdzie do prawdziwego wybuchu" – przewidywał proroczo Raja Shehadeh w naszej rozmowie dekadę temu, w 2014 roku. Spotkaliśmy się niedługo po tym, jak izraelska armia użyła ostrej amunicji przeciwko Palestyńczykom protestującym w rocznicę Nakby, zabijając dwóch nastoletnich chłopców: siedemnastoletniego Nadima Nuwarę i szesnastoletniego Muhammeda Abu Zahera.

Powtórzył się wtedy znany dziś wszystkim scenariusz: najpierw Izrael wypierał się jakiejkolwiek odpowiedzialności i próbował obwiniać protestujących, choć żadni świadkowie, włącznie z izraelskimi żołnierzami, nie widzieli na miejscu uzbrojonych Palestyńczyków. Wobec faktu, że zabójstwo chłopców zostało nagrane, a sprawą zainteresowały się organizacje międzynarodowe, w tym Human Rights Watch, izraelska armia w końcu zapowiedziała śledztwo.

Cztery lata później izraelski strażnik graniczny został skazany na rekordowe dziewięć miesięcy więzienia za zabójstwo Nadima (formalnie zarzut przypominał bardziej nieumyślne spowodowanie śmierci przez zaniedbanie obowiązków służbowych). W sprawie zabójstwa Muhammeda, według izraelskiego prokuratora, zabrakło dowodów, by postawić komukolwiek zarzuty. Nawet ten ułamek sprawiedliwości – mniej niż rok kary więzienia – był wyjątkiem od kultury absolutnej bezkarności.

Do zabójstwa wspomnianych nastolatków, Nadima i Muhammeda, dziesięć lat temu doszło w Bejtunii – palestyńskim miasteczku położonym 3 kilometry na zachód od Ramallah, na okupowanym Zachodnim Brzegu. W tej samej miejscowości w listopadzie 2022 roku izraelscy żołnierze zabili piętnastoletnią palestyńską dziewczynkę w spektrum autyzmu Fullę al-Masalimę.

Lista wszystkich aktów przemocy i form opresji związanych z okupacją w Bejtunii jest długa. Pod koniec lat siedemdziesiątych i na początku osiemdziesiątych izraelskie władze skonfiskowały część ziem na obrzeżach miejscowości pod budowę dwóch osiedli: Beit Horon i Giva'at Ze'ev. Dziś otaczają one Bejtunię od południa i południowego zachodu. Na południowo-wschodniej granicy mieści się niesławne więzienie Ofer. To właśnie tam przed wojskowym sądem stają palestyńscy dzieci i dorośli – często bez dostępu do prawnika, bez tłumacza i, co najgorsze, bez informacji, o co są oskarżani. To tam zapadają decyzje o areszcie administracyjnym, który może być wydłużany w nie-skończoność bez stawiania żadnych zarzutów i przed-stawiania oskarżonym jakichkolwiek dowodów[4]. I tam też odbywają się często protesty przeciwko izra-elskiej okupacji – jak ten w maju 2014 roku, podczas którego izraelska armia zabiła Nadima i Muhammeda.

Status ziem należących do Bejtunii uległ kolejnej znacznej zmianie w połowie lat dziewięćdziesiątych na skutek porozumień z Oslo. Aż 80 procent terenów należących do tej miejscowości znalazło się w strefie C. Były to w większości ziemie uprawne. Wkrótce Pale-styńczycy zostali odcięci od swoich gajów oliwnych nie tylko niewidzialną granicą stref, lecz także izra-elskim murem, który wżyna się w głąb Zachodniego Brzegu. Mur jest dwa razy dłuższy niż granica tego obszaru, bo wije się wewnątrz terenów okupowa-nych, oddzielając palestyńskie wioski od przyległych pól. Zainstalowane w nim zostały specjalne bram-ki dla rolników, by umożliwić im pracę na ich zie-miach. Ale izraelska armia bardzo ogranicza liczbę dni, kiedy brama jest otwierana, i liczbę osób, które mogą z niej skorzystać, a także rodzaj sprzętu, jaki mogą ze sobą zabrać właściciele pól. Jesienią i zimą 2023 roku, w sezonie zbioru oliwek, mieszkańcy Bejtunii nie mogli w ogóle dostać się do swoich drzew oliwnych. Armia brak zgody uzasadniła „wyjątkowymi" i „skomplikowanymi" okolicznościami w zakresie bezpieczeństwa[5].

To właśnie strefa C jest najżywszym obrazem izraelskiej polityki apartheidu – twierdzą organizacje międzynarodowe. To tam „sąsiadów" obowiązują dwa różne systemy prawne – szczególnie w kontekście prawa do ziemi i zabudowy.

Palestyńczycy nie mogą korzystać z 70 procent obszaru strefy C, a tylko 1 procent tej strefy został przez Izrael przeznaczony na palestyńską zabudowę – objaśniają eksperci w raporcie Norwegian Refugee Council (NRC) z marca 2023 roku.

Izrael skutecznie używa reżimu planowania przestrzennego, by sprawić, żeby strefa C stała się obszarem całkowicie wrogim Palestyńczykom – miejscem, w którym nie mogą ani żyć, ani się rozwijać. Celem i skutkiem tak pomyślanego systemu jest wypychanie Palestyńczyków z ich ziem do przeludnionych i mniej bogatych w zasoby naturalne obszarów Zachodniego Brzegu, tak aby Izrael mógł anektować strefę C i przejąć dostęp do jej bogatych zasobów[6]

– ten akapit świetnie podsumowuje kilkudziesięciostronicowy raport NRC o strefie C.

Na te wrogie warunki składa się na przykład brak dostępu do wody. O ile Palestyńczycy w strefie C mają dostęp do średnio 20 litrów wody dziennie na osobę (a rekomendowana przez Światową Organizację Zdrowia ilość to 100 litrów), o tyle ich izraelscy sąsiedzi w osiedlach zużywają dziennie średnio 300 litrów wody. Zbiorniki na wodę i inne instalacje sanitarne są regularnie wyburzane przez izraelską armię ze względu na to, że zostały zbudowane bez izraelskich pozwoleń. Według danych z lat 2016–2020 izraelska administracja odrzuciła 99,1 procent wniosków o tego typu zgody. Ich wymóg dotyczy absolutnie wszystkiego – od instalacji rur na wodę, przez budowę kurnika i postawienie namiotu, po remont domu czy urządzenie placu zabaw dla dzieci. Ponad połowa Palestyńczyków w strefie C doświadczyła przynajmniej jednego wyburzenia domu.

W strefie C mieszka według różnych szacunków od 180 do 300 tysięcy Palestyńczyków. Ich liczba systematycznie się zmniejsza – szczególnie w ostatnich miesiącach. W 90 procentach przypadków najważniejszym czynnikiem, który sprawia, że Palestyńczycy opuszczają swoje ziemie, są ataki izraelskich osadników[7].

Jak pisze Shehadeh, po 7 października 2023 roku ataki osadników się nasiliły. Ale już wcześniej ich liczba systematycznie rosła. O ile w 2021 roku średnio dochodziło do jednego ataku dziennie, w 2022 – do dwóch, o tyle średnia w okresie od stycznia do sierpnia 2023 roku wynosiła trzy ataki dziennie[8].

Jedną z pierwszych wysiedlonych po październiku społeczności była beduińska osada na południowym krańcu Zachodniego Brzegu – Zanuta. Walka o jej przetrwanie trwała kilka dekad. Polska Akcja Humanitarna (PAH) wspierała tamtejszą społeczność, budując w Zanucie cysterny na wodę (w 2012 roku wyburzenia PAH-owskich cystern na wodę w tej wsi sprawiły, że polskie Ministerstwo Spraw Zagranicznych wezwało izraelskiego ambasadora, by złożył wyjaśnienia w sprawie).

Od października 2023 roku coraz częściej osadnikom, którzy napadali na wieś, niszcząc panele słoneczne, spuszczając wodę z cystern, torturując jej mieszkańców i grożąc, że ich zabiją, jeśli się nie wyprowadzą, towarzyszyli izraelscy żołnierze. W końcu w listopadzie 2023 roku 150 osób spakowało dobytek i opuściło Zanutę. Na palestyńskich pastwiskach dziś izraelscy osadnicy wypasają swoje owce[9].

W pierwszej połowie kwietnia 2024 roku, gdy został zabity nastoletni izraelski pasterz, osadnicy przeprowadzili serię pogromów. Uzbrojeni po zęby, często w obecności żołnierzy lub z ich wsparciem, napadali na wsie, strzelali do ich mieszkańców, raniąc i zabijając, podpalali domy i samochody, podczas gdy armia blokowała dojazd karetek. W ciągu kilku dni zaatakowanych zostało siedemnaście wiosek, a wśród zabitych był czternastoletni Palestyńczyk.

Jedną z zaatakowanych w kwietniu wsi była Duma, leżąca na południe od Nablusu. Pod koniec lipca 2015 roku osadnicy z nielegalnego nawet według izraelskiego prawa osiedla Jiszuw Hada'at podpalili dom rodziny Dawabsze, w którym spali rodzice z dwójką małych dzieci. Osiemnastomiesięczny Ali zginął w pożarze, a jego rodzice zmarli na skutek obrażeń w ciągu kilku tygodni.

„Miał być pokój, miała być niepodległość i nic z tego nie ma. Ciągle tylko powtarzają, że jesteśmy terrorystami. Ale gdzie tu są terroryści? Niemowlak Ali był terrorystą? Jego matka Riham jest terrorystką? Nie wiem, co robić. Nic nam nie pozostaje, jak tylko schylić się, podnieść z ziemi kamień i rzucić" – powiedział mi jeden z mieszkańców wioski podczas pogrzebu Alego[10], z rezygnacją i bez cienia nadziei w głosie.

Raja Shehadeh znajduje jednak cień nadziei w rosnącej międzynarodowej presji. Wymienia toczące się przed Międzynarodowym Trybunałem Sprawiedliwości postępowania i wyrok holenderskiego sądu zakazujący eksportu broni do Izraela. Tych spraw przeciwko Izraelowi i jego sojusznikom jest z tygodnia na tydzień coraz więcej. Nikaragua wniosła skargę przed Międzynarodowym Trybunałem Sprawiedliwości przeciwko Niemcom (drugiemu największemu eksporterowi broni do Izraela), oskarżając je o współudział w ludobójstwie. We Francji, w Niemczech i Danii toczą się sprawy dotyczące wstrzymania handlu bronią z Izraelem. Do embarga wezwał nie tylko Wysoki Komisarz do spraw Praw Człowieka ONZ, lecz także szef unijnej dyplomacji Josep Borrell. W Komisji Europejskiej Hiszpania i Irlandia naciskają na zawieszenie unijnych umów handlowych z Izraelem ze względu na łamanie praw człowieka.

„A gdyby tak, po niszczycielskiej wojnie w Gazie, społeczność międzynarodowa wywarła olbrzymią presję na Stany Zjednoczone, aby zaprzestały osłaniania Izraela przed tym prawodawstwem?" – pyta retorycznie Shehadeh, odnosząc się do ustawy Leahy'ego, która zakazuje USA udzielania wsparcia militarnego zagranicznym siłom zbrojnym bezkarnie łamiącym prawa człowieka. Odpowiedź przyszła zaledwie miesiąc po tym, jak zadał to pytanie: Stany Zjednoczone planują nałożyć sankcje na batalion Necah Jehuda za współudział w osadniczych pogromach na Zachodnim Brzegu właśnie na podstawie prawa Leahy'ego. Jest to oczywiście tylko częściowy sukces, bo sankcje nie dotyczą innych jednostek, w szczególności tych służących w Strefie Gazy. A tego samego dnia, gdy pojawiła się wiadomość o planowanych sankcjach, amerykańska Izba Reprezentantów przegłosowała przyznanie Izraelowi siedemnastu miliardów dolarów na pomoc wojskową[11].

Wielu komentatorów odnotowało, że jedną z ofiar ataku na Strefę Gazy jest wiarygodność systemu prawa międzynarodowego, że wobec oczywistych zbrodni wojennych, jak choćby głodzenia dwóch milionów ludzi przez Izrael i braku adekwatnych reakcji ze strony Zachodu, stało się jasne, że prawo jest tylko dla wybranych. Organizacje społeczne z całego świata oraz kraje globalnego Południa, które wnoszą kolejne sprawy, zbierają dowody zbrodni i przekazują je do Międzynarodowego Trybunału Karnego i krajowych prokuratur, a także prawnicy i prawniczki podejmujący się reprezentowania ofiar tych zbrodni nie tylko działają na rzecz powstrzymania dalszej rzezi w Strefie Gazy, lecz także przywracają wiarygodność międzynarodowym konwencjom.

Tuż przed wydaniem tej książki w Polsce, pod koniec kwietnia 2024 roku, izraelskie media doniosły, że premier Benjamin Netanjahu zwołał pilną naradę z ministrami spraw zagranicznych i sprawiedliwości: izraelski rząd miał otrzymać informację, że lada dzień Międzynarodowy Trybunał Karny wyda nakaz aresztowania Netanjahu i innych czołowych izraelskich polityków[12].

To wszystko powinno było wydarzyć się dawno temu. Ale gdy wyjeżdżałam z Gazy w sierpniu 2014 roku, po miesiącu dokumentowania popełnianych wtedy przez Izrael zbrodni wojennych, wizja jakichkolwiek amerykańskich sankcji, Międzynarodowego Trybunału Karnego prowadzącego poważne śledztwo czy sprawy o ludobójstwo w Międzynarodowym Trybunale Sprawiedliwości była trudna do wyobrażenia.

Dziś, poza cieniem nadziei, odczuwam przede wszystkim wstyd i winę za to, że jestem częścią świata, który dopiero po sześciu miesiącach ludobójczego ataku, zniszczeniu większości Strefy Gazy i zabójstwie ponad 34 tysięcy osób, z których większość to kobiety i dzieci, zaczął sobie nieśmiało przypominać, że Palestyńczycy i Palestynki to ludzie, którzy mają uniwersalne, przyrodzone i niezbywalne prawa.

22 kwietnia 2024

Przypisy

Część pierwsza. Jak do tego doszło?

1 Więcej na temat hebrajskich nazw można znaleźć w książce Merona Benvenistiego, *Sacred Landscape. The Buried History of the Holy Land since 1948*, transl. Maxine Kaufman-Lacusta, University of California Press, Berkeley 2002, s. 19.

2 Benjamin Netanjahu, „Times of Israel", 5 listopada 2018.

3 Edward Said, *Permission to narrate*, „Journal of Palestine Studies" 1984, vol. 13, no. 3, s. 27–48.

4 Zob. *In 1976 interview, Rabin likens settler ideologues to 'cancer,' warns of 'apartheid'*, „The Times of Israel", 25 września 2015, https://www.timesofisrael.com/in-1976-interview -rabin-likens-settlements-to-cancer-warns-of-apart-heid/ [dostęp: 5 maja 2024].

5 *Samidun* to liczba mnoga od *samid*. *Sumud* oznacza „niezłomność", „wytrwałość". Gdy po wojnie 1967 roku około 250 tysięcy Palestyńczyków uciekło do Jordanii, około 600 tysięcy pozostało na Zachodnim Brzegu, a 300 tysięcy w Strefie Gazy.

6 Cyt. za: Elon Gilad, *What Israelis call Palestinians and why it matters*, „Haaretz", 19 listopada 2015, https://www.haaretz.com/israel-news/2015-11-19/ty-article/premium/what -israelis-call-palestinians-and-why-it-matters/0000017f -e2aa-df7c-a5ff-e2faec950000 [dostęp: 5 maja 2024].

7 *The Madrid Peace Conference*, „Journal of Palestine Studies" 1992, vol. 21, no. 2, s. 135.

8 Tareq Baconi, *Hamas Contained. The Rise and Pacification of Palestinian Resistance*, Stanford University Press, Stanford 2018, s. 246.

9 Zob. Yotam Berger, *25 years later, Israel's right wing is still battling the Oslo accords*, „Haaretz", 12 września 2018, https://www.haaretz.com/israelnews/2018-09-12/ty-article/.premium/25-yearslater-israels-right-wing-is-still-battling-the-osloaccords/0000017f-e32a-df7c-a5ff-e37a1ecb0000 [dostęp: 5 maja 2024].

10 Zob. Peter Beinart, *What I Saw Last Friday in Hebron*, „Haaretz", 19 lipca 2016, https://www.haaretz.com/opinion/2016-07-19/ty-article/.premium/what-i-saw-last-friday-in-hebron/0000017f-e5dd-dc7e-adff-f5fd94280000 [dostęp: 5 maja 2024].

11 „Index on Censorship" 2001, vol. 30, no. 4. Zob. https://journals.sagepub.com/doi/pdf/10.1080/03064220108-53697.

12 Sophia Goodfriend, *Gaza war offers the ultimate marketing tool for Israeli arms companies*, „+972 Magazine", 17 stycznia 2024, https://www.972mag.com/gaza-war-arms-companies/ [dostęp: 5 maja 2024].

13 Zob. Noa Shpigel, Jonathan Lis, *Former Mossad chief: Israel's greatest threat is internal division, not Hezbollah*, „Haaretz", 31 sierpnia 2016, https://www.haaretz.com/israelnews/2016-08-31/ty-article/.premium/former-mossad-chief-israels-greatest-threat-is-internaldivision/0000017f-f441-d887-a7ff-fce50faa0000 [dostęp: 5 maja 2024].

14 Zob. *Israel's rapidly approaching civil war – Uri Avnery*, „Clarion", 4 września 2016, https://clarionindia.net/israels-rapidly-approaching-civil-war-uri-avnery/ [dostęp: 5 maja 2024].

15 Edo Konrad, *Elor Azaria and the army of the periphery*, „+972 Magazine", 4 stycznia 2017, https://www.972mag.com/elor-azaria-and-the-army-of-the-periphery/ [dostęp: 5 maja 2024].

16 Yossi Klein, „Haaretz", 21 lipca 2013.

17 Moshe Ya'alon, cyt. za: Zeev Sternhell, *In midst of Gaza strife, now's the time for Israel to seek a treaty with the Palestinians*, „Haaretz", 18 lipca 2014.

18 Adam Taylor, *Israel hopes phone calls to Palestinians will save lives. It ends up looking Orwellian*, „The Washington Post", 17 lipca 2014.

19 Steven Poole, *On Gaza and the misleading language of war*, „The Guardian", 9 sierpnia 2014.

20 Idan Barir, *IDF soldier: Artillery fire in Gaza is like Russian roulette*, „+972 Magazine", 8 sierpnia 2014, https://www.972mag.com/idf-soldier-artillery-fire-in-gaza-is-like-russian-roulette/ [dostęp: 5 maja 2024].

21 Z oświadczenia policji minerskiej Ministerstwa Spraw Wewnętrznych w Gazie przekazanego przez Ma'an News Agency 17 września 2014 roku. Wśród śmiercionośnej broni użytej w Gazie znalazły się amunicja strzałkowa, bomby paliwowo-powietrzne (które wybuchają dwukrotnie, w tym po uderzeniu) oraz pociski z ładunkiem typu DIME. Około ośmiu tysięcy pocisków wystrzelono z samych tylko samolotów wojskowych, a z lądu i z morza o wiele więcej.

22 Shimon Peres, *Gaza rockets make future West Bank pullout harder to justify. Retired Israeli president tells BBC that Palestinians could have developed Gaza Strip after Israel's 2005 withdrawal but began firing rockets instead*, „Haaretz", 13 sierpnia 2014.

23 Gideon Levy, *Nothing will come of Israel's quiet*, „Haaretz", 17 sierpnia 2014.

24 John Lanchester, *Brexit Blues*, „London Review of Books", 28 lipca 2016. Metaforę bestii zaczerpnął Lanchester ze znanego wiersza W.B. Yeatsa *Drugie przyjście*, por. *Od Chaucera do Larkina. 400 nieśmiertelnych wierszy 125 poetów anglojęzycznych z 8 stuleci. Antologia*, przeł. Stanisław Barańczak, Znak, Kraków 1993, s. 402 (przyp. tłum.).

25 Benny Morris, *We must defeat Hamas – next time*, „Haaretz", 30 lipca 2014.

26 Zob. Bethan McKernan, *Israeli president warns of civil war as Netanyahu rejects judicial compromise*, „The Guardian", 16 marca 2023, https://www.theguardian.com/world/2023/mar/15/israeli-president-civil-war-is-within-touching-distance [dostęp: 5 maja 2024].

Część druga. Wojna w Gazie, 2023–2024

1   Tareq Baconi, *Hamas Contained. The Rise and Pacification of Palestinian Resistance*, Stanford University Press, Stanford 2018, s. xviii oraz 139–140.

2   Zob. *Unesco releases Gaza strip damage assessment report*, „Archaeology", 16 lutego 2024, https://www.archaeology.wiki/blog/2024/02/16/unesco-releases-gaza-strip-damage-assessment-report/ [dostęp: 5 maja 2024].

3   Zob. Raphael Greenberg, Alon Arad, *Israel surrounds itself with ruins in Gaza for the sake of 'the land of Israel'*, „Haaretz", 5 marca 2024, https://www.haaretz.com/opinion/2024-03-05/ty-article-opinion/.premium/israel-surrounds-itself-with-ruins-ingaza-for-the-sake-of-the-land-of-israel/0000018e-101a-d343-a9de-397fc1be0000 [dostęp: 5 maja 2024].

4   Yagil Levy, *Israeli soldiers' looting in Gaza is part of the revenge*, „Haaretz", 19 lutego 2024.

5   Gideon Levy, *Israelis' post-October 7 humility is gone. The arrogance is back*, „Haaretz", 31 stycznia 2024.

6   Dahlia Scheindlin, *Don't ask Israelis right now about Palestinian casualties*, „Haaretz", 24 stycznia 2024.

7   Zob. Anna Gordon, *New polling shows how much global support Israel has lost*, „Time", 17 stycznia 2024, https://time.com/6559293/morning-consultisrael-global-opinion/ [dostęp: 5 maja 2024].

8   *Executive Order on Imposing Certain Sanctions on Persons Undermining Peace, Security, and Stability in the West Bank*, „The White House", 1 lutego 2024, https://www.whitehouse.gov/briefing-room/presidential-actions/2024/02/01/executive-order-on-imposing-certain-sanctions-on-persons-undermining-peace-security-and-stability-in-thewest-bank/ [dostęp: 5 maja 2024].

9   Zob. Cormac McQuinn, Naomi O'Leary, Sarah Burns, *Ireland and Spain seek 'urgent review' of Israel trade over EU deal's human rights obligations*, „The Irish Times", 14 lutego 2024, https://www.irishtimes.com/politics/2024/02/14/ireland-and-spain-seek-urgent-review-of-israel-trade-over-eu--deals-human-rights-obligations/ [dostęp: 5 maja 2024].

10 Zob. Stephanie Kirchgaessner, *'Different rules': special policies keep US supplying weapons to Israel despite alleged abuses*, „The Guardian", 18 stycznia 2024, https://www.theguardian.com/world/2024/jan/18/us-supply-weapons -israel-alleged-abuses-human-rights [dostęp: 5 maja 2024].

11 Zob. John Hudson, *U.S. floods arms into Israel despite mounting alarm over war's conduct*, „The Washington Post", 6 marca 2024, https://www.washingtonpost.com/ national-security/2024/03/06/us-weapons-israel-gaza/ [dostęp: 5 maja 2024].

12 Refaat Alarir [Rif'at al-'Ar'ir], *Jeżeli muszę umrzeć*, wiersz tłumaczony na wiele języków, dostępny online. Przekład polski za: blog „Smutna Pomarańcza", 1 listopada 2023, https://smutnapomarancza.wordpress.com/2023/12/15/ jezeli-musze-umrzec-refaat-alareer/ [dostęp: 5 maja 2024]. Dokonano wpłaty na rzecz www.map.org.uk ku pamięci Refaata Alarira.

Aneks

1 United Nations Office for the Coordination of Humanitarian Affairs, *Maps*, https://www.ochaopt.org/maps [dostęp: 8 maja 2024].

2 The Israeli Information Center for Human Rights in the Occupied Territories, *Maps*, https://www.btselem.org/ maps [dostęp: 8 maja 2024].

3 The Applied Research Institute – Jerusalem, *Maps of Palestine*, https://www.arij.org/maps-of-palestine/ [dostęp: 8 maja 2024].

4 W kwietniu 2024 roku w areszcie administracyjnym przebywało 3660 palestyńskich mężczyzn, kobiet i dzieci.

5 Eleanor Beardsley, *In the West Bank, Palestinian olive farmers fear for the worst in this year's harvest*, „NPR", 23 grudnia 2023, https://www.npr.org/2023/12/23/1220073353/ palestinian-olive-harvest-west-bank-israel-hamas-war [dostęp: 8 maja 2024].

6 Norwegian Refugee Council, *Area C is everything*, 11 września 2023, https://www.nrc.no/resources/reports/area-c-is-everything/ [dostęp: 8 maja 2024].

7   *Compelled to flee. Cycles of Israeli forced displacement of Palestinians*, „Actionaid", 4 kwietnia 2024, https://actionaid.org/publications/2024/compelled-flee-cycles-israeli-forced-displacement-palestinians#downloads [dostęp: 8 maja 2024].

8   *Supporting Palestinian communities affected by settler violence in the West Bank*, „Reliefweb", 16 kwietnia 2024, https://reliefweb.int/report/occupied-palestinian-territory/supporting-palestinian-communities-affected-settler-violence-west-bank#:~:text=In%20recent%20years%2C%20violence%20perpetrated,per%20day%20the%20previous%20year [dostęp: 8 maja 2024].

9   *West Bank: Israel responsible for rising settler violence*, „Human Rights Watch", 17 kwietnia 2024, https://www.hrw.org/news/2024/04/17/west-bank-israel-responsible-rising-settler-violence [dostęp: 8 maja 2024].

10   Ala Qandil, *Rośnie napięcie na Zachodnim Brzegu po tragicznej śmierci 1,5-rocznego dziecka*, „Wiadomości WP", 31 lipca 2015, https://wiadomosci.wp.pl/rosnie-napiecie-na-zachodnim-brzegu-po-tragicznej-smierci-1-5-rocznego-dziecka-6027727106163841a [dostęp: 8 maja 2024].

11   W ciągu tygodnia powinno odbyć się głosowanie w amerykańskim Senacie. Zob. *House okays $17 billion in military aid for Israel under major spending package*, „The Times of Israel", 20 kwietnia 2024, https://www.timesofisrael.com/house-approves-26-billion-in-aid-for-israel-and-gaza-under-major-spending-package/ [dostęp: 8 maja 2024].

12   21 maja 2024 r. prokurator Międzynarodowego Trybunału Karnego Karim Khan wniósł o nakaz aresztowania premiera Izraela Benjamina Netanjahu i ministra obrony Joawa Gallanta oraz trzech przywódców Hamasu (przyp. red.).

Tytuł oryginału: *What Does Israel Fear from Palestine?*

Redakcja: Małgorzata Szczurek, Przemysław Wielgosz
Konsultacja arabistyczna: Hanna Jankowska
Korekta: Aleksandra Czyż, Ewa Ślusarczyk
Projekt: Przemek Dębowski
Skład: Małgorzata Widła

Fotografia na okładce: © Alex Majoli / Magnum Photos

ISBN 978-83-68059-19-9

Copyright © Raja Shehadeh, 2024
Copyright © for the translation by Anna Sak, 2024
Copyright © for the appendix by Ala Qandil, 2024

Druk: Abedik SA
ul. Gutenberga 5, 62-023 Żerniki

Wydawnictwo Karakter
ul. Grabowskiego 13/1, 31-126 Kraków
karakter.pl

Zapraszamy instytucje, organizacje oraz biblioteki
do składania zamówień hurtowych z atrakcyjnymi
rabatami. Dodatkowe informacje dostępne pod adresem
sprzedaz@karakter.pl oraz pod numerem telefonu 511 630 317

Spis treści